TELEFON ZAOSZCZĘDZA CZAS I PIENIĄDZE

KARTKA POCZT[OWA]

NADAWCA:
Euge Lewik. Warszawa
ogrodowa 8

Czy myślisz, że spotkamy
się prędko?
Porozumiania dla
Twego męża, braterstwa
i ról nas wszystkich
życzymy
Zew

Wna Pani. Frau
Kazimiera Lewik

Łódź

Herbert Norkus Strasse
4.

Kochana Karin! Spieszę, żeby Ci donieść, że piszę do Ciebie list
na kolonię i pielęgnuję na mnej panie, pomyliłam się, ai nic się gorąco robi na myśl
że naraziłam cię na nieprzyjemności. Gdybyś mędrco...
ta, co znaczy dla nas dowód Twojej prawości
i mnjości, kiedy mieliśmy tyle w życiu roz-
czarowań. Ten "patriotyzmie tatusia" o którym
pisałaś, swojem postępowaniem nie mało się przy-
czynił do naszej żałoby. Szkoda, że nie odpisałam
dać Twoją osobą myślałam tatusiem, że nie...
ludzie, którym wierzył zawiedli. Gdybyś...
Gdybym mogła Ci opisać postępowanie n.p. Wandc...
który by Ci stanął dębem. W mnie tak wzrosło...
że nie mam ani jednej letniej sukni, ale całe
mam wszystkie polecenia i kwitki. Martwi mnie
to co wyczytałam między wierszami Twego listu,
ale tembardziej Cię cenię. Chciałabym, żeby Twoje
mąż miał jaknajwięcej nerwy od Blinsi i mam
adress, że to się uda. Całuję zew.

Postkarte Eugenia Szajn-Lewins

Am 2. Oktober 1940 wird die Zwangsumsiedlung der jüdischen Einwohner Warschaus in einen Ghettobezirk angeordnet. Innerhalb von 4 Wochen müssen 100 000 Polen dieses Gebiet verlassen; dessen Einwohnerzahl schwillt zur gleichen Zeit auf 400 000 an. Das Gelände wird mit einer 4 m hohen, stacheldrahtbewehrten Mauer umgeben.

Die Journalistin *Eugenia Szajn-Lewin* (geb. 1909) hat in der Hölle jenes Ghettos gelebt. Sie beschreibt einen grausigen Alltag: die vermeintlich lebensrettende Arbeit in einer Strumpffabrik, immer neue Blockaden, Selektion und Deportation, die »Liquidierung« schließlich.

Anfang April 1943 gelang Eugenia Szajn-Lewin die Flucht auf die »arische Seite«. Sie kam im September 1944 während des Warschauer Aufstands ums Leben.

Die Zwillingsschwester der Autorin, Maria Line, war vor dem Krieg Rechtsanwältin in Łódź. Die Zeit im Warschauer Ghetto erlebte sie zusammen mit Eugenia, die im Buch unter dem Namen Ewa auftritt.

Maria Line lebt heute in Tel Aviv.

Eugenia Szajn-Lewin

Aufzeichnungen
aus dem Warschauer Ghetto

Juli 1942 bis April 1943

Übersetzt von Roswitha Matwin-Buschmann

RECLAM VERLAG LEIPZIG

Bearbeitung: Maria Line und Anka Grupińska
Aus dem Polnischen
von Roswitha Matwin-Buschmann
Mit einem Geleitwort von Maria Line und einer
Zeittafel von Arnold Mostowicz
Mit 6 dokumentarischen Fotos und einem Stadtplan

Herausgegeben mit Unterstützung des Sächsischen
Staatsministeriums für Wissenschaft und Kunst

ISBN 3-379-01497-4

© Maria Line und Anka Grupińska
© Reclam Verlag Leipzig 1994 (deutsche Fassung)
Die Übersetzung folgt der Ausgabe: Eugenia Szajn-Lewin,
W getcie warszawskim; Wydawnictwo a5, Poznań 1989
© für die dokumentarischen Fotos von Heinrich Jöst:
Herr Günther Schwarberg, Hamburg
Wir danken dem Verlag Neue Kritik, Frankfurt a. M., der uns
den Stadtplan zur Verfügung stellte, sowie Herrn Prof. Dr. Israel
Gutman, Jerusalem, und Herrn Oliver Kohler, Mainz, für ihre
Unterstützung.

Reclam-Bibliothek Band 1497
1. Auflage, 1994
Reihengestaltung: Hans Peter Willberg
Umschlaggestaltung: Matthias Gubig unter Verwendung
eines Fotos der Autorin
Printed in Germany
Gesamtherstellung: Offizin Andersen Nexö Leipzig GmbH
Gesetzt aus Meridien

Eugenia Lewin (Ewa) verließ das Ghetto Anfang April 1943. Es gelang ihr, ihr Manuskript nach draußen, auf die arische Seite, zu schmuggeln und es in einem Geheimfach unterm Fußboden der Wohnung in der Puławska-Straße zu verstecken, in der sie sich mit ihrer Familie verborgen hielt. In derselben Wohnung hielt sich auch Michał Line mit seiner Tochter Mira versteckt. Gleich nachdem die Deutschen Warschau verlassen hatten, ging Maria in die Puławska-Straße und holte das Manuskript ihrer Schwester. Das Haus in der Puławska gehörte zu den wenigen, die während des Warschauer Aufstandes nicht zerstört worden waren. Vor reichlich zehn Jahren übergab Maria, nachdem sie eine Abschrift des Textes ihrer Schwester gemacht hatte, das Original deren Tochter Elżbieta. Es ging in Frankreich verloren.

Der vorliegende Text wurde von Eugenia Lewin verfaßt und ist eine sehr getreue dokumentarische Beschreibung dessen, was sich im Warschauer Ghetto, besonders in der K. G. Schultz (einer Fabrik, die Socken für die deutsche Wehrmacht herstellte), zwischen dem Juli 1942 und dem April 1943 abspielte.

Eugenia Lewin, geborene Szajn, wurde 1909 in Łódź geboren. Das Abitur legte sie am Eliza-Orzeszkowa-Gymnasium in Łódź ab. Sie studierte an der Warschauer Universität Polonistik und absolvierte die Hochschule für Journalistik in Warschau. Nach Abschluß ihres Studiums arbeitete sie dort als Journalistin.

Ihre Artikel und Reportagen erschienen unter dem

Pseudonym Eugenia Świetlicka in »Ostatnie Wia-
domości«, in »Kurier Warszawski« und in anderen
Blättern. Als Giza Szen veröffentlichte sie vor dem
Krieg im Hoesick-Verlag ihren einzigen Roman, »Życie
na nowo« (Neubeginn).

1935 heiratete Eugenia den Ingenieur Lewin und
lebte bis zum Kriegsausbruch in Łódź. Im November
1939 übersiedelten Eugenia mit Mann und Tochter,
ihre Eltern Leon und Hanna Szajn sowie ihre Schwester Maria Prywer mit Mann und Sohn nach Warschau.

[Maria Line
Tel Aviv 1989]

Mit einmal ein Brodeln auf der Straße. Die Menschen hasteten nicht mehr, sie rannten. Sie stießen einander an, fanden sich zu kleinen Gruppen zusammen und hetzten erregt und ungeduldig weiter. Gestalten, die an den Hauswänden lagen, erhoben sich langsam. Die Toten wurden lebendig. Sie richteten sich auf – riesenhaft, plump und voller Eiter – und gingen los. Das ganze Elend setzte sich in Bewegung. Es streckte nicht mehr die Arme aus, winselte nicht mehr nach Brot. Die Obdachlosen strebten irgendwohin. Sie warteten nicht mehr auf den Tod – sie gingen. Doch was war geschehen?

Ewa sah sich verzweifelt nach Artur und Tadeusz* um, sie hatte sie aus den Augen verloren. Schließlich entdeckte sie Tadek. Sie faßte ihn am Arm. Was ist passiert? Er hatte nur etwas von einer Verordnung gehört. Auch er wollte heim, zu den Seinen. Erst drei Straßen weiter stießen sie auf Bekannte. Ja. Man wußte es schon. Sie siedeln aus. Siedeln aus? Wen? Wohin? Der jüdische Polizist, den sie anhielten, war genauso verstört. Er hatte keine Zeit. Auch er hetzte zu seiner Familie, nach Hause. »Aussiedlung«, sagte er aufgeregt. »Wohin?« – »Ich weiß es nicht. Raus aus Warschau.« – »Wer?« – »Alle.« – »Wie? Wann?« – »Ab sofort. Ich weiß es nicht.«

* später auch Tadek oder Tadzio

9

Ewa befiel Angst. Zur Mutter, nach Hause. Tadeusz, verlaß mich nicht! Rysio* ist bei uns, wir müssen zusammenbleiben. Die Rikschas jagten wie blind vorüber. Keine einzige frei. Und es ist so weit. Und dieses Menschenmeer, das einen abtreibt, mit sich reißt. Von zu Hause trennt sie die Brücke – groß, hoch und massiv. Die Brücke, die die beiden Viertel der Juden verbindet und sie im Ghetto einschließt. Wie hier vorankommen? Von oben herunter wälzt sich der Menschenstrom, nach oben hinauf drängt einen die ungeduldige Menge. Heim, zu den Angehörigen, nach Hause.

Polizeikolonnen ziehen durch die Straßen, riegeln sie mit einem Kordon ab. Die Umzingelten versuchen auszubrechen. Juden kämpfen gegen Juden. Die in den dunkelblauen Mützen werden ungeduldig, schreien, drohen. Die Polizei zerrt Widerstrebende auf Wagen. Die Straße schreit. Der Haß richtet sich gegen die Polizisten. Einen, der einer Frau die Flucht ermöglichen wollte, degradieren sie. Ihr Gehorsam ist ungeheuerlich. Sie haben eine Antwort bereit: »Besser, wir tun es, und nicht die Deutschen. Die Deutschen werden schießen.« Die jüdische Polizei hat keine Waffen. Sie prügelt und tritt. Es werden Menschen gebraucht, für den Transport. Gestern zweitausend. Morgen fünf. Bis zum Abend müssen sie noch anderthalbtausend zusammenbringen. Sie müssen Menschen liefern – ein Kontingent –, eine Zahl für den Preis ihrer Angehörigen. Denen wird kein Haar gekrümmt. Ihre Mütter, Kinder, Frauen sind sicher. Und dieses Wissen macht ihre Herzen hart. Gegen Geld, ohne Liebe, heiraten sie mitten im Chaos der Aussiedlung junge Frauen, Mädchen. Geben ihnen Schutz.

* Das ist Ryszard, auch Ryś genannt.

Endlich sind sie im großen Ghetto. Zusammen mit den Schwiegereltern, der Mutter, näher bei Marysia*, Tadek, Rysio. Artur wollte in die alte Wohnung im kleinen Ghetto, in die Walicóv-Straße 7, um Sachen zu holen. Er hat sie nicht mal betreten. Das Haus leer. Es hat eine deutsche Blockade gegeben. Sie haben alle fortgeholt, alle, außer dem Hausmeister und den Polizistenfamilien. Er hat dieses Grab nicht betreten können. Es waren Menschen, die er gekannt hat. Menschen mit Papieren, die sie vom Transport freistellten. Sie haben die Papiere nicht geprüft. Die jüdische Polizei erklärt, es war eine Strafblockade. Aber die Blockaden beginnen sich zu wiederholen. Sie schießen – die Straße ist voller Blut und Leichen.

*

Am Morgen weckt sie das Trampeln von Stiefeln. Jüdische Blockade. Pfiffe. Sie zerren die Leute in den Hof. Artur, seine Eltern, die Mutter, Ewa und das Kind gehen nach unten, angezogen wie für eine Reise. Alle haben sie Papiere, Ausweiskarten. Ewa hat entsetzliche Angst. Sie kennt doch keinen einzigen Polizisten. Sie prüfen die Papiere und teilen die Leute in Gruppen ein. Ewa ist sich nicht im klaren, ob sie mit der ganzen Familie in der Gruppe der Freigestellten ist ... Plötzlich begreift sie, NEIN, die höfliche Gebärde, mit der man ihnen den Platz angewiesen hat, war der Urteilsspruch. Es hat keinen Zweck, etwas zu sagen – sie hören nicht hin. Mit einemmal ist ein Polizist bei ihnen. Er kennt Artur. Sie, Artur und das Kind – sind frei. Die Eltern gegenüber – in der Falle. Artur bietet Geld an, viel Geld. Das ist nicht so einfach. In ihrem inbrünstigen Wunsch, die Mutter zu retten, geht Ewa plötzlich auf,

* Das ist Maria.

11

daß der Name des jüdischen Offiziers, der die Blockade leitet, ihr nicht fremd ist, und ihm muß der Name der Mutter ebenfalls bekannt sein.

Wie durch ein Wunder kehren alle in die Wohnung zurück. Dort, auf der Straße – Schreie, Pfiffe, Weinen. Hier, am Tisch, Erleichterung, Entspannung, Tränen. Sie müssen weg von hier. Sie müssen Beschäftigung in einer von den Fabriken finden, die für den Bedarf der deutschen Wehrmacht arbeiten. Das erscheint ihnen sicherer. Eine jüdische Mittelsperson überbringt der polnischen und der deutschen Direktion einen großen Brillanten. Artur hat das Recht zu leben für sich, für Ewa, das Kind, Ewas Mutter und für seine Eltern erkauft.

Die K. G. Schultz stellt Wollsocken für die deutsche Wehrmacht her. Die Arbeit in der Fabrik wird ihr Schutz sein. Auch für Tadzio und seine Frau haben sie die Einstellung bei der K. G. Schultz erwirkt. Sie haben sogar schon ein Zimmer in der Ogrodowa-Straße 29. Dort soll die Fabrik untergebracht werden. Zweitausend Leute wurden eingestellt. Für die Plätze haben sie mit schwerem Bargeld oder mit Maschinen bezahlt. Das Haus macht einen sicheren Eindruck. In aller Eile hat man es mit einem Bretterzaun umgeben; eine Tafel mit der deutschen Aufschrift »Zutritt verboten – nur für Angestellte der K. G. Schultz« schützt es. Ewa fühlt Erleichterung. Als läge die Gefahr hinter ihr. Eine Wache, jüdische Polizisten, kontrolliert die Papiere. Sie läßt keinen ohne besonderen Berechtigungsschein hinein.

Ogrodowa 29. Sie beziehen die zugewiesenen Wohnungen, die noch warm sind von den Leuten, die hier gewohnt haben und die geholt wurden. Wiedersehen mit Marysia und Tadeusz. Ryś und Elżbietka* schreien laut vor Freude. Marysia erzählt erleichtert, daß die Leute, die dieses Zimmer hier bewohnt haben, noch da sind, noch leben. Sie waren am Morgen da, um ihre Sachen abzuholen. Nun können sie sich zum Frühstück setzen. Wieder alle zusammen. Neun Personen in einem winzigen Zimmer. Nur ein einziges Bett.

Am nächsten Tag ein neuer Schlag. Sie müssen die so mühsam eroberte Wohnung wieder verlassen. Man sieht andere Häuser für sie vor. Weit weg, in einem anderen Viertel, in der Zamenhof-Straße. Ab sechs Uhr morgens des nächsten Tags dürfen sie sich bei Strafe des Todes nicht mehr in dem Haus in der Ogrodowa aufhalten. Gut, daß sie es nicht geschafft haben, die geholten Sachen auszupacken.

Anderntags um fünf Uhr morgens machen sie sich wieder auf den Weg. Die Familie von Tadeusz arbeitet in einer Firma, die Federn für die Deutschen reinigt. Die Firma ist geschützt. Sie gehen los, die Rucksäcke auf dem Rücken, Bündel mit Lebensmitteln in der Hand, mit den Kindern. Neun Personen. Jetzt sind sie obdachlos. Sie kampieren in dem kleinen Hof eines fremden Betriebs, bei den Federnreinigern. Sie haben nicht das Recht, hier zu sein. Staub, Wolken von Federn, Hitze. Es sind viele Fremde hier. Ein sengendheißer Julinachmittag. Ewa in Stricksachen, Wolle, Kostüm, Mantel. Um soviel wie möglich bei sich zu haben, falls sie auf den Transport muß. Die Kinder müde. Sie trinken Wasser und essen trockenes schwarzes Brot.

Von draußen kommen Nachrichten herein. Straßenblockade. Sie holen die Menschen zu Tausenden. Ver-

* Das ist Elżbieta, auch Elżunia genannt.

steckt euch! Ein Geschwader aus Deutschen und jüdischen Polizisten naht. Auf dem niedrigen, stickigen Dachboden ist ein Federnlager. Sie tappen zwischen Säcken und dreckigen Federbetten umher. Sie müssen sich das Recht erkämpfen, die Kinder hierher mitnehmen zu dürfen. Dafür bürgen, daß sie nicht weinen, husten, niesen werden, obwohl die Federn und der Staub in der Kehle kitzeln. Elżunia nicht fallenlassen! Sie schütten das Kind zu und trampeln es tot! So hocken sie mehrere Stunden, tief in die Federn vergraben. Unbändiger Durst. Ein Becher mit warmem, trübem Wasser, voller Federn. Zum Glück schlafen die Kinder ein. Und wieder kommen sie glücklich davon. Die Deutschen haben ihr Versteck übersehen.

*

In der neuen Wohnung in der Zamenhof-Straße sind noch die alten Mieter. Sie dürften eigentlich nicht mehr hier sein. Es ist Freitagabend. Vor einer Stunde haben sie fast alle Hausbewohner geholt. Diese Familie hatte sich im dritten, getarnten Zimmer versteckt, in das man durch einen vor die Tür gestellten riesigen Schrank gelangt. Jetzt sitzen sie bei Tisch, haben die Kerzen angezündet und feiern den Sabbat … Es sind Chassidim, für Ewa Fremde. Eine lange Tafel, schwarze Kleider und schwarze Käppchen auf den Köpfen. Die Frau in Perücke und mehrere Kinder – allesamt schwarz, mit gekringelten Pejes. Sie schlürfen einen dünnen wäßrigen Barszcz. Kein Brot, keine Kartoffeln. Sie beten. Die Kinder hungrig, aber still. Fast bitten sie um Entschuldigung, daß sie noch hier sind … Sie verstehen, daß die mit einer Bescheinigung ein Recht auf die Wohnung haben, aber sie bitten, noch eine Nacht dableiben zu dürfen, vielleicht zwei Nächte. Dann werden sie gehen.

Im Zimmer kaputte Bettgestelle, das Bettzeug verwanzt. Entsetzlich eng. Vor dem Fenster ein weißer Vorhang. Ewa reißt ihn herunter und legt ihn den Kindern unter. Die fremden Leute bewirten sie mit heißem Wasser. Die Frau bringt saubere Bettwäsche. Sie ist bereit, ihnen alles zu geben, gegen Brot. Die Kinder haben Hunger. Es sind viele Kinder. Sie sehen fast gleich aus in ihren kleinen schwarzen chassidischen Anzügen. Das kleine Mädchen gedunsen vor Hunger. Sie müssen ihnen Brot geben, einen Teil von dem Brot, von dem sie selbst wenig haben. Brot ist schwer zu bekommen, selbst für viel Geld. Die andern haben kein Geld mehr. Ewa bewundert ihre Gefaßtheit. Am Morgen packen sie das Notwendigste zusammen und verlassen die Wohnung, in der sie viele Jahre gewohnt haben. Sie gehen in ihre alte Weinfabrik, die nicht mehr in Betrieb ist – ohne Geld, ohne Lebensmittel … ohne ein Wort. Der Vater der Rabbinerfamilie vertraut ihnen einen Schrank voller für ihn kostbarer religiöser jüdischer Bücher an. Sie lassen schwarze Seidenkaftane und Samtkäppchen zurück.

Vom Hof dringen Schreie und verzweifeltes Weinen herauf. Die Leute kommen von einem ganzen Tag Arbeit nach Hause und finden ihre Frauen, Kinder, Väter und Männer nicht mehr vor. Fremde Leute in ihren Wohnungen. Ihr Rufen ist vergeblich. Das Echo von Schüssen zerreißt die tränenschwere Nacht. Die Kinder schlafen unruhig, vom Ungeziefer zerbissen.

Den ganzen Tag laufen Artur und Tadeusz herum, um die Arbeitsangelegenheiten endgültig zu klären. Sie sind schon bei der K. G. Schultz registriert, aber die Werkstätten haben noch nicht aufgemacht. Ewa und Maria hüten die Kinder. Sie verstecken sich mit ihnen in dem getarnten Zimmer. Irgendwelche fremde Leute, die das Versteck auch nutzen, richten abwechselnd Wachen ein. Wenn Gefahr droht, verstecken sich alle in dem Zimmer, das hinter dem Schrank liegt. Auch die kleinen Jungen der ehemaligen Mieter, der Chassidim, sind bei ihnen. Sie liegen auf den Betten, hocken auf Bündeln auf dem Fußboden. Von den Gesichtern der Kinder darf man kein Auge lassen. Jedes Geräusch, das sie verursachen, bedeutet Gefahr. Aber die Kinder spüren das Außergewöhnliche der Lage und sind einfach gelähmt vor Angst. Sie sind stumm und matt. Ryś ist hochrot im Gesicht. Elżbietka schließt vor Angst die Augen und schläft ein.

Der Vater der kleinen chassidischen Jungen ist fort. Sie waren versteckt, aber die Polizisten hatten im Hof ihre Schwester geschnappt. Da verließ der Vater das Versteck. Er wollte sein Töchterchen loskaufen, ihnen alles geben, was er besaß. Sie lachten über die dreißig Złoty. Da rief der Vater die ganze kleine Schar aus dem Versteck, und sie fuhren zusammen.

Es ist später Abend. Sie sind wieder zusammen. Artur, Ewa, Maria, Tadeusz und die Kinder. Obwohl sie furchtbar müde sind, denkt keiner an Schlafen. Es ist nicht auszudenken. Es ist grauenhaft, was die jüdischen Polizisten sagen. Im Ghetto sollen nur diejenigen bleiben, die in den Fabriken beschäftigt sind, die Greise und Kinder werden weggebracht.

In der größten deutschen Fabrik, bei Toebbens, im kleinen Ghetto in der Waliców-Straße, hatte die deutsche Direktion einen Kindergarten für die Kinder der jüdischen Arbeiter eingerichtet. An dem Tag holten die Deutschen und die Ukrainer alle Kinder fort, die ganze Schar der Kleinen, deren Mütter und Väter im Fabrikgebäude arbeiteten. Die Frau, die die Kinder betreute und wie durch ein Wunder davonkam, erzählte weinend: »Die Kinder haben friedlich gespielt. Da hagelte es auf einmal Schüsse vom Dach. Die Kleinen fielen um wie abgeschossene Vögel. Die Kinder, die heil davonkamen, drängten sich zu einer Gruppe zusammen. Auf dem Hof Gerenne und Geschrei. Die SS kam. Ich dachte, jetzt würden wir die Verletzten retten, und damit sei es getan. Die Deutschen befahlen den Kindern, vorzutreten. Da kamen ein paar jüdische Polizisten angerannt. Sie feilschten um ihre Kinder. Einer von ihnen schmiß den Deutschen seine Mütze und seine Armbinde ins Gesicht. Er nahm sein Töchterchen auf den Arm und ging dem Zug der kleinen Verurteilten voran.«

Die Nachricht drang zu den Arbeitern. Die Mütter waren dem Wahnsinn nahe. Einige rangen mit den Deutschen, rissen sich los – wie von Sinnen, mit wehenden Haaren, heiser, unheimlich. Sie jagten ihren Kindern hinterher. Weit weg, schon auf der Straße, holten sie ihre entführten Kleinen ein, riefen ihre Namen und gingen zusammen mit ihnen in den Tod. Die Deutschen richteten die Reihe mit der Peitsche aus … Die Frau, die die Kinder betreute, kam schließlich durch ein Wunder davon. Jetzt kann sie den Müttern nicht in die Augen sehen. Und die werfen ihr wilde, verzweifelte und vorwurfsvolle Blicke zu.

Ewa erfährt von der Entführung der Kinder. Sie ist völlig außer sich, kann ihre Gedanken nicht sammeln. »Hört zu«, sagt sie, »am besten, wir drehen den Gashahn auf und sterben wie Menschen.« Aber der kleine, sechsjährige Rysio hört zu, seine Augen weiten sich vor Entsetzen. »Nein, Tante, nein, ich will nicht sterben! Es wird nicht immer so schlimm sein, du wirst schon sehen, die Deutschen verlieren den Krieg, und wir werden leben!«

Die Sache mit den Kindern ist nicht einfach. Besonders schwierig ist es mit dem Jungen. Er hat schließlich sein jüdisches Mal. Die Polen haben Angst. Sie können nicht nur Elżunia wegbringen, sie müssen auch einen Platz für Rysio finden. Artur und Tadeusz versuchen, ihre Bekanntschaften und Beziehungen mit Polen zu nutzen. Sie nehmen telefonisch Verbindung mit der arischen Seite auf.

»Tja, dann schickt die beiden Pakete. Irgendwie laden wir die Ware schon aus. Ob sie zusammen sein werden?« Die Antwort ist vorsichtig. – »Das Päckchen ist an Ort und Stelle. Vorerst zusammen, dann wird man weitersehen.« – »Wo? Zu wem?« Man weiß es nicht. Die Kinder müssen also aus dem geschlossenen und streng bewachten Ghetto gebracht werden. Sachen für die Kinder, Wertgegenstände, Geld … Man muß im voraus zahlen, bis zum Kriegsende, falls die Eltern umkommen … Und wieder »versenden« Artur und Tadeusz »Päckchen«, besprechen mit dem Leiter einer Werkstatt, die sich außerhalb des Ghettos, auf der arischen Seite befindet, wie man die Kinder nach draußen kriegt. Die Kinder, Ryś und Elżbieta, sind vom Ungeziefer zerfressen, mit Geschwüren übersät, abgemagert. Ein Platz für sie ist inzwischen vorhanden, über den man nichts Genaues weiß.

*

Ewa bringt Elżunia zum Friseur und läßt ihr das Haar aufhellen. Sie flicht Elżunia Zöpfchen, bindet ihr eine Halskette um. Artur nimmt sein Töchterchen an der Hand, Marysia nimmt Ryszard, und sie verlassen am Morgen das Ghetto. Verlassen es mit den Arbeitern, die in der Werkstatt auf der arischen Seite beschäftigt sind. Sie gehen in einer Gruppe von Arbeitern mitten auf dem Fahrdamm. Ewas Blick folgt ihnen aus der Ferne.

18

Sie sieht auf die nackten weißen Beinchen von Elżunia und die dunklen Waden von Rysio, als sollte sie sie nie wiedersehen. Sie will diesen frischen und ungeduldigen Schritt von Rysio im Gedächtnis behalten, er weiß und versteht alles und ist sehr gespannt auf das neue Leben. Und auch diese unbewußten Schritte von Elżunia in den zu großen Kinderschuhchen. Tränen rinnen aus Ewas Augen. Wird sie sie jemals wiedersehen?

Der Tag vergeht wie im Traum, mechanisch. Ewa versteckt sich vor der Blockade. Sie hört in einem fort Weinen und Schreie. In Gedanken ist sie weit weg von der Tragödie des Ghettos. Sie konzentriert ihren ganzen Willen auf den Wunsch, daß es glückt, daß die Kinder am Ort ihrer Bestimmung ankommen.

Am Abend warten sie auf die Rückkehr von Maria und Artur. Sie kommen nicht. Die Gruppen aus der Werkstatt auf der arischen Seite sind schon zurück. In alle Richtungen besorgte Rufe. Sie sind nicht da. Unmöglich! Vielleicht sind sie zu Hause? Aber die Wohnung ist auch leer. Ewa hält es nicht an einem Fleck. Es ist schon sehr spät, und auf der Straße Schüsse.

Ewa geht von Wohnung zu Wohnung. Vielleicht findet sie einen aus der Gruppe, in der Maria und Artur gegangen sind. Ewa rennt treppauf, treppab – fast alle Wohnungen stehen offen, die Wohnungstüren eingeschlagen. Das Werk deutscher Gewehrkolben. Auf den Trümmerfeldern aus Möbeln, zerschlitzten Federbetten – verwundete Tiere – jene, die, als sie nach Hause kamen, ihre Familien nicht mehr vorgefunden haben und vergeblich auf ihre Rückkehr warten. In dem Haus mit den drei Hinterhöfen gibt es hundertundfünfzig Wohnungen. Ewa hat schon ein Dutzend Familien abgeklappert. Keiner hört ihr auch nur zu.

Plötzlich erinnert sich Ewa an Herszkowicz. Er ist doch heute zusammen mit Artur und Maria zur Arbeit nach draußen gegangen. Er muß sie gesehen haben. Er kennt sie doch. Das Treppenhaus dunkel. Ewa stolpert über ein Bündel. Nein, da sitzt jemand auf den Stufen, jemand weint. Es ist Herszkowicz. In seinem Schoß schläft sein Kind. Hat er ihren Mann und die Schwester gesehen? Er hat, ja freilich, sie haben ihn sogar gebeten, die Familie zu verständigen, daß sie über Nacht in der Fabrik bleiben. Herszkowicz weint. Er bittet um Verzeihung, daß er es vergessen hat, aber vor zwei Tagen haben sie das Kind zu Polen nach draußen geschickt, und heute haben sie es ins Ghetto zurückgebracht. Sie wollen es nicht bei sich behalten, es sieht jüdisch aus. Er hatte gedacht, seine Frau werde sich Sorgen machen, aber er hat seine Frau nicht angetroffen. Die Wohnung leer, er kann da nicht hinein … Vom Hof dringen Rufe herauf: Ewa! Ewa! Tadeusz sucht sie. Er hat inzwischen Nachricht, daß alles in Ordnung ist. Rysio hat schon einen Platz, und Elżunia wird morgen weitergebracht. Die Kinder in Sicherheit. Was für ein Glück! Die kleinen Günstlinge des Schicksals.

*

Artur, Tadeusz und die Mutter sind in den noch leeren Fabrikhallen in der Ogrodowa 27. Sie stellen Maschinen auf und putzen sie. Obwohl die Maschinen schon blitzen, arbeiten sie ununterbrochen weiter. Sie wollen, daß man sie bei der Arbeit antrifft, wenn die deutsche Direktion kommt, oder wenn die Blockade sie überrascht. Ewa und Maria haben bereits eine Einweisung für die inzwischen produzierende Fabrik in der Ogrodowa 29. Sie haben sie von ihrem Cousin Olek* be-

* Aleksander

kommen, der einer von den jüdischen Leitern bei der K. G. Schultz ist. Ewa ist aufgekratzt, sie hat Arbeit. Eine verhaßte Arbeit für die Deutschen – aber der Preis ist das Leben. Olek hat ihnen gesagt, Michał Line, der Leiter ihrer Abteilung, sei ein außergewöhnlich netter Mensch. Das ist gut. In der Zentrale in der Leszno-Straße beschimpft der jüdische Leiter die Arbeiter, und bei Toebbens schlägt ein sadistischer Volksdeutscher sie ins Gesicht.

Die neuen Werkräume der K. G. Schultz sind in zwei miteinander verbundenen Wohnungen untergebracht. Man hat die Wände herausgenommen, die Küchen und Badezimmer entfernt. Die rosa Wände in dem einen Raum erinnern daran, daß hier einmal ein Schlafzimmer war. Das mit den beigen war das Eßzimmer. Auch ein Ausguß ist noch da – dort war die Küche. Die bunte Leiste mit den Märchenmotiven gehörte bestimmt zum Kinderzimmer. Keine Spur mehr von den Menschen, die noch vor kurzem hier ihr Familienleben lebten.

Ewa arbeitet jetzt an einem großen Tisch. An den zusammengestellten Tischen, über denen Glühbirnen hängen, arbeiten die Former. Früher müssen hier die Toiletten gewesen sein, weil es keine Fenster gibt. Die Tische für die Bügler stehen an einer langen Wand, an deren Ende sich eine Tür befindet, durch die man einst vom Hof in die Küche kam. Auf der Seite gegenüber – die Tische für die Näher. Ewa arbeitet als Formerin. Anfangs bügelte sie mit schweren Bügeleisen, die sie auf Gasmaschinen erhitzte. Die Holzgriffe versengten, und sie verbrannte sich die Hände am Eisen. Sie mußte stehen bei der Arbeit. Am Ende eines Tages taten ihr die Füße weh, und sie spürte eine Schwere im Kreuz, die sie fast umwarf. Der Schmerz reichte bis in die Hüften hinauf. Am Abend war sie zu nichts mehr zu gebrau-

21

chen, gereizt, immer den Tränen nahe. Sie fiel wie ein Klotz auf ihr Bett. Die Müdigkeit war jetzt stärker als alle Aufregung des Tages. Sie wollte nur noch Ruhe. Alles andere war ihr gleichgültig.

Die Fabrik machte Fortschritte. Ewa bekam ein elektrisches Bügeleisen. Nun mußte sie nicht mehr das Eisen aufs Gas stellen und es andauernd holen. Sie lernte, im Sitzen zu arbeiten. Sie zog lange Ärmel über, um sich die Hände nicht zu verbrennen. Dann entdeckte sie einen hohen Hocker. Mit jedem Tag verbesserte sie ihre Arbeit. Sie vergaß, daß sie für die Deutschen arbeitete. Freudig brach sie die eigenen Rekorde. Es bereitete ihr große Genugtuung, wenn sie den maximalen Plan geschafft hatte, den ein Facharbeiter zu schaffen hatte. Sie empfand keine Müdigkeit mehr. Sie war heiter, ja fröhlich bei der Arbeit. Man kann schließlich nicht an all die schrecklichen Dinge denken, wenn man achtgeben muß, daß die Wollsocken für die Wehrmacht nicht ansengen. Wenn sie sich verbrennt, weil ihre Hände durch plötzlich aufsteigende Erinnerungen und Ahnungen langsamer arbeiten, bringt der Schmerz sie sofort wieder dazu aufzupassen.

*

An Ewas Tisch arbeiten zehn Leute. Zu ihrer Linken ein untersetzter Jazzmusiker. Ewa weiß bereits, der ist ein Meister unter den Büglern. Die Ware reicht ihm ein zarter Rechtsanwalt mit Brille zu, der sich nicht übernimmt und heimlich Zigaretten raucht. Rechts neben ihr ein großer Dunkelblonder. Er sieht aus wie ein Deutscher. Die Nase kurz und breit, ja arrogant nach oben gestülpt. Er arbeitet in modischer Weste, das Jackett hängt er auf einem Bügel auf. Hosen mit tadellosen Bügelfalten. Die Schuhe wischt er sich mehrmals täglich mit den Socken für die deutsche Wehrmacht ab. Dann blickt Ewa sich beunruhigt um, ob auch niemand im Saal ist. Dem großen Eleganten geht zum Schein der ehemalige Dirigent eines Sinfonieorchesters zur Hand. Er tut so als ob, liest die Zeitung, schwatzt. Ewa kennt ihn. Hinter ihnen arbeitet schwungvoll ein Mann, groß und stark wie ein Bär. In seinen Schaftstiefeln sieht er aus wie ein Gutsbesitzer. Er hat den Ehrgeiz, mit dem Jazzmusiker mitzuhalten. Dauernd brüllt er über den Tisch: »Na, Bester, wieviel haben Sie schon gebügelt?« und setzt krachend das Eisen auf. Der untersetzte Jazzer verschnauft, spaziert demonstrativ durch den Saal. Er schafft die Norm mühelos. Ein vornehmer Herr mittleren Alters verfolgt diesen Wettlauf ironisch. Phlegmatisch legt er den nassen Lappen auf den Formen zurecht. Sein fünfzehnjähriger Sohn reicht ihm die Formen zu. Das Bügeleisen ruht ausgeschaltet auf dem Untersatz. Daneben, der alte Arbeiter, ein Fachmann im dunkelblauen Kittel, arbeitet ruhig, wortlos. Er macht zwei Normen, die eine heimlich – für den Vornehmen, der ihn dafür bezahlt. Die Formen zieht Tadeusz auf. Zu ihrer Gruppe gesellt sich der Rothaarige, der Ewa früher die Eisen gereicht hat. Der Rothaarige ist sehr fleißig. Sie werden jetzt abwechselnd bügeln und die Formen aufziehen. Und dann teilen sie alles durch drei. »Ehrlichkeit ist das Wichtigste«, meint der Rothaarige, aber schon am dritten Tag ertappt Ewa ihn beim Betrug. Der Rothaarige betrügt die Arbeiter, und der Lagerverwalter, der die Produktion notiert, schreibt niedrigere Zahlen zugunsten jener Privilegierten, die zwar auf der Liste der Arbeiter stehen, aber nicht in der Fabrik erscheinen.

Die Mädchen und Frauen weiter hinten im Saal beneiden Ewa. Wirklich, dort, wo sie arbeitet, geht es lustiger zu. Seltsam, aber Ewa kann wieder lachen. Manchmal schüttet sie sich sogar fast aus vor Lachen. Alle lachen, unterbrechen die Arbeit und lachen und lachen. Es ist Bulko, der Jazzmusiker, der sie alle zum Lachen bringt. Er hat schwarze, von Trauer zerrissene Augen und trägt stets eine klägliche Miene zur Schau, aber er treibt pausenlos seine Späße. Das Bügeleisen umfaßt er wie ein junges Mädchen beim Tanz und preßt die Form darauf. Den Lappen windet er aus, als melke er eine Kuh.

Ewa ist vergnügt. Sie schämt sich fast dafür, daß sie lacht. Sie dürfte doch keinen Augenblick ihre Unruhe und ihre Sorge um die Kinder vergessen, die bei Fremden sind. Und um die Mutter, die illegal, unerlaubt bei den Schwiegereltern wohnt, ständig gefährdet. Bulko behandelt Ewa voll Ehrerbietung. Aber Ewa weiß, daß er, wenn sie den Saal verläßt, zur Freude der andern ihr Jonglieren mit dem Bügeleisen nachäfft.

Der Dirigent beobachtet Bulko ironisch, denn obwohl Bulko ihm die gebührende Achtung zollt, nennt er ihn trotzdem zu oft einen Künstler. Und so setzt sich der Dirigent auf einen Moment zu Ewa und sagt verächtlich: »Das ist kein Musiker, das ist ein Musikker«. Und dann wundert er sich über Ewa, daß sie mit solchem Eifer arbeitet. Das ist doch schrecklich, immerzu graue Socken, grau und grau. Er fühlt sich körperlich völlig erschöpft. Er tut überhaupt nur was, wenn eine deutsche oder eine polnische Inspektion kommt. Bei der Arbeit sitzt er auf einem Klavierhocker, den er aus einer verlassenen Wohnung mitgenommen hat. Keiner darf sich auf den Hocker setzen. Der Dirigent säubert ihn sorgsam und sagt zu Ewa: »Begreifen Sie, was es für mich heißt, in einer Fabrik zu arbeiten? Ich bin schließlich Dirigent, ein Despot von Natur. Körperliche Arbeit widert mich an.« Er zeigt seine langen weißen

Finger vor. »Ich weiß nicht, ob ich sie noch einmal gebrauchen werde, aber ich will weder Brandwunden noch Druckstellen daran haben.«

Bulko schwatzt und arbeitet. Trotz seines traurigen Gesichts und der Angst in seinen Augen, strotzt er vor Lebenskraft. Abends verdient er dazu, indem er für die reichen Juden spielt, die ihre nagende Angst um die Zukunft und den Schmerz um den Verlust ihrer Angehörigen im Wodka ersäufen. Zwischen den Socken für die Deutschen schweigen die Sorgen still. Sie arbeiten für die Deutschen, für den Feind, aber weil der sie braucht – werden sie weiterleben.

Schlechter ist es um Artur, Tadeusz und die Mutter bestellt. In ihren Werkstätten gibt es noch keine Arbeit. Arturs Eltern bleiben in der Zamenhof-Straße, in der Wohnung mit dem getarnten Zimmer. Dort verstecken sie sich während einer Blockade. In der Fabrik, bei der Arbeit, fühlen sie sich sicher. Vor ein paar Tagen drangen jüdische Polizisten in die Fabrik ein und nahmen die Arbeiter mit, die keinen neuen Stempel hatten. Doch durch das Einschreiten der deutschen Direktion wurden diejenigen auf dem Umschlagplatz* freigelassen, die man noch nicht auf den Zug verladen hatte.

*

Es ist Mittwoch. Die Arbeiter warten seit zwölf Uhr auf die Suppe. Die Leute, die man nach dem Essen geschickt hat, kommen verstört zurück. Irgendwas ist passiert. Der Leiter ist nicht da. Er wurde in die deutsche Direktion beordert. Er kommt zurück, den Kopf tief zwischen den Schultern. Wildschlagende Herzen

* im Original immer deutsch; auch »Umschlag«

drängen sich um ihn. »Wir sollen uns alle im Hof der Zentrale einfinden. Die Direktion verspricht, daß uns nichts geschieht. Trotzdem weiß ich nicht, was ich euch raten soll«, sagt der Leiter. »Ich kann nur sagen, was ich tun werde. Ich gehe mit dem hin, was mir das Liebste auf Erden ist, mit meiner Tochter.« Hingehen oder nicht? Man muß sich anziehen und in die Reihe stellen. Ewa zittert. Sie hat nicht einmal Zeit, sich mit ihrem Mann, mit Artur, und der Mutter zu verständigen, die in der Ogrodowa 27 sind, in der noch nicht arbeitenden Fabrik. Sie erfahren, die Arbeiter aus der Ogrodowa 27 sind schon in den Hof der Zentrale abgeführt worden, in die Leszno-Straße. Als Ewa und ihre Schwester das Tor der Zentrale erreichen, sehen sie, daß die Leute im Parterre aus den Fenstern springen. Das Haus ist abgeschlossen. Eine Falle.

Ihnen entgegen kommt eine Gruppe von Frauen und Kindern, die von einem jüdischen Polizisten angeführt wird. »In Nalewki wird es eine deutsche Blockade geben«, sagt er. »Ich bringe gerade im Auftrag der Direktion der K. G. Schultz die Familien der Arbeiter in die Zentrale. In Nalewki säubern sie ein ganzes Haus von ›Wilden‹.«

Es ist schwer, sich durch die Menge durchzuschlagen. Man sucht nach den Seinen. Niemand weiß, was hier geschehen wird. Weshalb halten sie die Frauen mit den Kindern am Tor zurück? Die Atmosphäre ist aufgeladen mit Angst und Erregung. In den Augen der Menschen Verzweiflung. Schon erreichen sie die ersten Gerüchte. Vor dem Tor ein Spalier – die deutsche und die polnische Direktion. Dieses Spalier muß man passieren, seinen Namen und die Art der Beschäftigung nennen, und man wird eingeschätzt von denen, die das Recht haben, das Urteil über Leben und Tod zu sprechen. Die Älteren erfaßt Angst. Die Mütter zittern um ihre Kinder. Ewa küßt, nicht ohne Überschwang, irgendein Kleines. Ob sie Elżbieta wiedersieht? Auf dem Hof nur wenige Arbeiter, Polen. Warum sehen sie so mitleidig zu ihnen hin? Plötzlich ein Schuß und ein Peitschenknall. SS-Leute vom Vernichtungskommando* sind da. Die Direktion hatte versprochen, ohne sie auszukommen, doch sie hat nicht Wort gehalten. Die rasenden Landsknechte nehmen die dichtgedrängte Schar von Frauen und Kindern mit, die der jüdische Polizist aus Nalewki hergebracht hat.

Ewa befällt Angst. Sie hat eine Brosche mit Brillanten bei sich. Und wenn wir umkommen? Die Kinder sind bei fremden Leuten. Wird das, was sie bekommen haben, bis zum Kriegsende für sie reichen? Die Brosche Zofia geben, einer polnischen Arbeiterin, die ihnen bei der Kontaktaufnahme mit der arischen Seite geholfen hat! Sie soll sie ihnen bringen. Wenn wir umkommen, wird niemand sie mehr umsonst betreuen. Aber wird sie sie ihnen auch geben? In Zofias Augen steht Qual. Es fällt schwer, die Pein der Juden gleichgültig mitanzusehen. Das Tor von SS umstellt. Sie brüllen, schießen, um Angst zu machen.

Die Menschen müssen das Spalier der Richter über Leben und Tod passieren. Sie bleiben dicht beieinander. Ewa sucht mit den Augen Line. Er geht mit seiner Tochter und seinen nächsten Freunden dem Ausgang zu. Halten wir uns an sie. Tadeusz und Maria gehen voran. Die Mutter vor ihr. Artur hinter ihr. Jetzt heißt es, ein ruhiges Gesicht zu bewahren. Im Kreuzfeuer der Blicke. Der Fabrikbesitzer, groß wie ein Tier, brüllt – Name! Ewa sagt ihren Namen und ein Wort, an das

* im Original immer deutsch

27

sie glaubt – Repassiererin. Plötzlich vernimmt sie die dünne Stimme ihres Cousins Olek – Bleibt!* Wie benommen geht sie weiter geradeaus, auf eine große Gruppe von Leuten zu, die sich auf dem Gehsteig gegenüber drängen. Ein jüdischer Polizist ruft sie zurück. »Dummes Weib, hierher!« Ja, sie begreift. Sie ist gerettet. Jetzt sieht sie sich um. Hinter ihr steht Artur. So ist auch er gerettet.

Sie gehen durch das Tor des Nachbarhauses. Ein Freund aus Kinderzeiten läuft ihnen entgegen. »Wo ist meine Mutter?« schreit er. Ewa durchfährt ein heftiger Schmerz, als durchbohre sie ein Eisen. Wo ist die Mutter? Sie war vor mir. Aber er meint seine Mutter. »Deine Mutter ist hier. Zusammen mit Marysia und Tadek.« Ewa wirft sich der Mutter zu Füßen. Wie gut, daß sie da ist! Wenn sie jetzt nicht ihre Hände küssen könnte, küssen aus Dankbarkeit, daß die Mutter hier ist, bei ihr, sie würde so leiden wie Kazik, der ohnmächtig und verzweifelt auf dem Hof herumrennt.

Eine Nachbarin von früher hält sie an. Ob sie nicht ihren Mann mit dem Kind gesehen haben? Eine Wolke von Besorgnis verdunkelt ihr Gesicht. Das eine Auge zuckt nervös. Warum sind sie noch nicht da? Sie sucht sie. Sucht … Dabei hat sie sie doch immer so leicht gefunden. In der Menge den roten Schopf des Kindes gefunden, das der Mann hoch auf dem Arm trug.

Olek, der Cousin, stürzt in den Hof. Die Leute treten vor ihm zur Seite, beugen sich über seine Hände. Viele sind verschont geblieben, weil er sie persönlich kannte.

* im Original deutsch

Er ist wie von Sinnen. Bittet um Wasser. Dort draußen wird er nicht mehr gebraucht. Den Deutschen ist die Aussonderung langweilig geworden. Jetzt nehmen sie den ganzen Rest mit. Dort ist auch Oleks Familie. Er ist nicht imstande, ihnen zu helfen.

Jetzt formieren sich die Menschen wieder zu Gruppen. Gesondert die, die in der Leszno-Straße wohnen, bei der Fabrikzentrale, und die, die in ihre Häuser in Nalewki zurückmüssen. Ewa wird einen Augenblick lang von Furcht ergriffen. Ist das nicht eine Falle? Nein. Von jenseits des Tors kommen Nachrichten herein. Die SS führt jene Verurteilten schon zum Umschlagplatz ab.

Vor der Haustür in Nalewki bemerkt Ewa den kleinen Moische, den Sohn der früheren Mieter, der Chassidim. »Moische!« ruft sie und hebt ihn in die Höhe. »Sind Arturs Eltern da?« – »Ja.« Sie küßt ihn auf die Wangen und gibt ihm ihr ganzes Brot, das sie heute nicht gegessen haben. Keiner hat ja den Hunger auch nur gespürt. Jetzt herrscht wirklich Freude und Erleichterung. Ein Wunder, ein Glück. Alle sind zurück und haben die Ihren wiedergefunden.

Ewa liegt schon im Bett, und wieder lähmt sie die Angst. Und wenn das nicht die letzte Aussonderung war? Und wenn sich die Blockaden wiederholen? Es war doch nur ein Zufall, daß sie alle mit der ersten Gruppe nach draußen sind. Die am Ende des Hofs zusammengepfercht waren – sind umgekommen.

*

Am Tag darauf arbeiten sie wie sonst. Falls die Essenholer die Suppe bringen, wird der Tag ohne Überraschungen verlaufen. Die Mutter ist mit einer verspäteten

Gruppe eingetroffen, zusammen mit dem Nachbarn, dem Rechtsanwalt. Ewa ist unzufrieden. Sie hat die Mutter in dem Haus lassen wollen, wo das Versteck ist. Ewa hat Angst. Und abermals wiederholt sich die Geschichte vom Vortag. Wieder rufen sie den Leiter in die Zentrale. Die Hände versagen den Dienst. Die Maschinen verlieren an Tempo, die Arbeiter hocken besorgt und finster da. Line kommt gebeugt zurück. Die straffe, stets energische Gestalt wirkt jetzt verkrampft, die Augen flackern, und die Mundwinkel hängen herab. Wieder umstehen ihn die Arbeiter schweigend, und er spricht mit einer Stimme, deren Gelassenheit ihm keiner abnimmt. »Wir sollen uns wieder in der Zentrale melden. Man hat mir versichert, es werden nur die Arbeitsbescheinigungen überprüft und abgestempelt.« Mazurek, der Ingenieur, ein Pole, hat ihm sein Wort gegeben, daß es keine Blockade ist. Doch gestern sind wir dem Versprechen der deutschen Direktion aufgesessen. Wer den neuen Stempel heute nicht bekommt, der darf morgen die Fabrik nicht mehr betreten. »Ihr müßt selbst entscheiden«, sagt Line. Unter den Arbeitern Bestürzung. Gerade erst hat man die gelobt, die sich gestern nicht in die Blockade verwickeln lassen haben. Heute ist die Erfahrung von gestern zu nichts mehr nutze. Man muß entweder riskieren, auf den Umschlagplatz geschickt zu werden, oder sich von der Fabrik zu verabschieden, und auf die Art von seinem Lebensschutz.

Frenkiel, der Leiter der noch nicht arbeitenden Spulerei, erzählt Ewa, ihr Cousin Olek habe sich nach ihrer Mutter erkundigt. Ewa ist in der Fabrik in der Ogrodowa-Straße 27, diese Fabrik ist noch immer eine Fiktion. Die Mutter darf nicht mit ihnen zur Aussonderung gehen. Sie und Maria beschließen, die Mutter muß zurück in die Zamenhof-Straße, mit dem Rechtsanwalt und mit Kaziks Mutter, die sie gestern vom Umschlagplatz zurückgebracht haben. Die Gruppe, die in die Zentrale gehen soll, steht schon auf der Straße. Die Mutter ist verwirrt und wie immer in Panik, daß sie sich von den Kindern trennen soll. Sie verabschiedet sich von ihnen, als sei sie gekränkt. Ewa drückt ihre Hand, blickt ihr nicht in die Augen.

Und wieder stehen sie auf demselben Hof, auf dem sie gestern standen. Man schiebt sie tiefer hinein, nach hinten. Sie bleiben zu viert beisammen. Die Menge drängt an. Zwängt sie auf die Fabriktreppe. Sie folgen jemandes Beispiel und dringen in den Maschinensaal ein. Hinter den Maschinen lugt ein kleines, von schwarzen Locken umrahmtes Gesichtchen hervor. Es ist die Frau ihres Cousins Olek. Ihre Angst nimmt Ewa den letzten Rest von Mut. Wovor fürchtet sie sich – die Frau des ersten Leiters der Fabrik? Sie ist doch sicher. Aber vielleicht sieht sie uns deshalb nicht in die Augen, weil wir die Verurteilten sind?

Und wieder bringt sich der Vortag in Erinnerung. Verkriechen wir uns nicht in den Ecken, kehren wir auf den Hof zurück. Jetzt sind sie auf der Treppe gefangen. Eine polnische Arbeiterin, die sich durch die Menge zwängt, wirft mit Beleidigungen um sich. »Drängle nicht so, Jude, du kommst schon noch rechtzeitig zum Zug!« In Ewas Herzen steigt Bitterkeit auf. Gestern haben ihr die mitfühlenden Blicke mancher Polen Halt gegeben. Heute haben sich die polnischen Arbeiter an unser Unglück schon gewöhnt. Eine Filmszene, die sich dauernd wiederholt, macht keinen Eindruck mehr.

Artur hält Aleksander an – vergiß uns nicht! Olek ist zerstreut, abwesend, verstört. Er führt seine Frau und seine Schwägerin nach draußen. Auf dem Hof rufen sie schon die Namen derer auf, die in der Zentrale arbeiten. Die Namen von Glücklichen. Diese Privilegierten werden von der deutschen Direktion mit ihrer ganzen Familie bestätigt.

Und ganz plötzlich schlägt eine Nachricht ein. Sie lösen die Filiale in der Ogrodowa auf. Wir sind verloren. Wenig später die Berichtigung – es bleibt nur die Ogrodowa 29. Artur und Tadeusz hat es getroffen. Die Ogrodowa 29 hat bereits ihre Liste. Die Liste mit den Erwählten des Schicksals. Maria und Ewa gehen in den Hof. Artur und Tadeusz – was ist mit ihnen? Es ist grauenvoll. Nur nicht denken. Die Augen schließen und ins Nichts springen. Wieder dieses quälende Gefühl, gefesselt zu sein. Man kann nicht aus seinem eigenen gefangenen Körper heraus.

Denen, die nicht auf der Liste stehen, nehmen sie den Ausweis weg und führen sie ab in den ersten Hof in der Leszno-Straße 76. Von dort sind das Pfeifen der Peitsche und das Gebrüll der deutschen Banditen zu hören. Maria geht voran. Zwischen beiden Höfen, vor dem Tor zu den Verurteilten – ein langer Tisch aus frischen, ungehobelten Brettern. Ein dicker kahlköpfiger Pole, der Personalchef der K. G. Schultz, und zwei Deutsche – der strohblonde Bullenbeißer Schultz und ein Zarter, mit intelligentem Gesicht, sein Teilhaber. Maria steht schon vor ihnen. Ewa sieht, wie sie ihr den Ausweis zurückgeben. Sie ist gerettet. Wenn ich sterbe, wird sie gut zu Elżbietka sein? Ewas Blick ist gefaßt, sicher. Sie steht hochaufgerichtet, als die Herren über ihr Leben auf der Liste ihren Namen suchen. Ja, er ist auf der Liste. Sie stoßen sie jetzt hinter einen aus Brettern zusammengezimmerten Verschlag. Ein Käfig, wie für Tiere, deren Zeit zum Abschlachten noch nicht gekommen ist.

Am Eingang überprüfen zwei polnische Arbeiter den roten Stempel und die persönliche Unterschrift des »großen Bullenbeißers«. Als Ewa ihre Karte in Empfang nimmt, sieht sie deutlich, daß Artur und Tadeusz zurückweichen. Es steht schlecht, man hat sie gewarnt. Ewa und Maria verlieren fast den Verstand vor Angst. Die Minuten der Stille, in denen sich das Schicksal von Mann und Schwager entscheidet, dauern Ewigkeiten. Es gibt sie, es gibt die zusätzliche Liste für die Ogrodowa 27. Tadeusz am Tisch. Tadeusz gerettet. Jetzt Artur. Sie suchen so lange. Es ist doch ein so gebräuchlicher Name. Endlich stehen Tadeusz und Artur hinter dem Verschlag für die Davongekommenen.

Kann man sich so grenzenlos glücklich fühlen inmitten des allgemeinen Unglücks? Die Menschen stehen dicht einer neben dem andern, man hat fast keinen Platz für die Füße. Unter den Geretteten ein stilles und verschrecktes Kind. Ewa hört ein feines Wimmern. Es ist das kleine Mädchen. Es klagt nicht, obwohl es vor Schmerzen fast zusammenbricht. Vier Jahre alt, in dem gleichen Alter wie Elżbieta. Die ganze vergangene Nacht hat sie allein auf dem Umschlagplatz zugebracht, ohne Mutter. Kein Fleckchen, wo man das Kind hinsetzen könnte, man kann es nicht auf den Arm nehmen – besser, man versteckt es, schirmt es ab. Eine wunderbare Tarnkappe hat die Kleine gerettet, als sie mit ihrer Mutter hierherkam, um sich den Stempel zu holen. In der Fabrik braucht man keine Alten und braucht keine Kinder.

Da stürzt sich wutschnaubend ein SS-Mann in die Menge. Er bleibt dicht vor der Kleinen stehen und brüllt wie rasend. »Ihr erstickt dieses Kind!« Er greift sich ein paar Alte an der Wand, die Eltern eines der jüdischen Leiter, zerrt sie aus der Menge, obwohl sie gestempelte Karten haben. Jemand reißt sich verzweifelt los und schluchzt – es ist der Sohn, der sie retten will.

Sie werden noch lange in dem Gedränge warten. Sie müssen den ersten Hof von den dort versteckten Menschen säubern und sämtliche Wohnungen durchsuchen – Peitschenknallen, sie hören unheimliche Schreie und Weinen. In der Menge der Geretteten Besorgnis und die Verzweiflung derer, die ihre Angehörigen nicht finden können; die laute Freude derer, die sich wiederfinden. Ein junges Mädchen fällt in Ohnmacht. Wo ist Mama, Mama ist nicht da …

Am Ausgang des abgesperrten Hofs schlägt eine von vier Schwestern wild um sich. Man hat sie alle geholt, sie will heraus aus der Gruppe der Geretteten, will mit ihnen gehen. Vor ihr steht der riesige deutsche Direktor Schultz. Sie fleht ihn vergeblich an, sie gehen zu lassen. In einer Zornesanwandlung hat er ihr schon die Karte weggenommen, aber er schleudert sie ihr wieder ins Gesicht. »Weg hier, du bleibst!«

In Ewas Erschöpfung und Erleichterung schleicht sich von neuem die bohrende Unruhe. Ist die Mutter unbehelligt zu Hause angelangt, hat man sie dort, in Nalewki, nicht aus ihrem Versteck gezerrt? Am Abend fallen sich alle in der Wohnung in Nalewki um den Hals. Die Mutter hat eine große Sorge. Sie ist nicht sicher, ob ihr Name auch wirklich auf der Liste fehlte. Jetzt hat sie das Recht auf die Fabrik verloren.

Wertheim, der Rechtsanwalt, sitzt deprimiert da, mit offenem Mund. »Was wird jetzt aus mir?« Ein unnützer Mensch. Der Sohn bei der Polizei, die Frau in der Schneiderwerkstatt. »Du gehst auf die arische Seite«, entscheidet sein Sohn. Aber der Rechtsanwalt will es noch einmal versuchen. Vielleicht gelingt es ihm, die Arbeitsberechtigung zurückzubekommen.

Vor der Fabrik prüft ein jüdischer Polizeiposten die Stempel auf den Ausweisen. Nur achthundert Leute haben eine Unterschrift bekommen. Die Häuser in Nalewki sind jetzt überflüssig. Diese achthundert haben gut bei der Fabrikzentrale in der Leszno-Straße Platz.

*

Und wieder haben sie einen Umzug vor sich und erneute Bemühungen um die Zuweisung einer Wohnung. Man teilt ihnen einen einzigen Raum in einer Zweizimmerwohnung zu. »Kommt uns nicht mit so was«, sagt das Mädchen aus dem Nachbarzimmer. »Das Zimmer ist nicht für euch, ein Polizist mit seiner Familie hat schon die Einweisung dafür, tja, dann werdet ihr euch halt drum streiten.« Es ist alles so schwierig. Ordinären und Gerissenen gegenüber fühlen sie sich unterlegen. Erst mal müssen sie wenigstens einen Winkel für sich haben, danach renkt es sich vielleicht irgendwie ein. Arturs Eltern sind in Nalewki geblieben, in der Wohnung, in der sie das Versteck haben. Maria hat mit einem jüdischen Polizisten, den sie kennen, geredet, ob er die Mutter auf das Fabrikgelände läßt. Ja, er läßt sie, obwohl sie keinen Stempel hat. Mutter ist wie ein Kind, denkt Ewa. Sie will nur mit uns zusammensein, dabei ist das nicht legal. In der alten Wohnung, zusammen mit Arturs Eltern, ist sie sicherer. Dort hat sie ein sehr gutes Versteck.

In der neuen Wohnung in der Leszno-Straße entsetzliche Enge, Wanzen so groß wie Fliegen. Bevor Maria und Ewa zur Arbeit gehen, waschen sie sich in einer Schüssel in der Küche. Unwichtig, daß sie nicht allein sind. Man muß sich sauberhalten in diesem Schmutz.

Das Leben in der Fabrik bekommt allmählich den Anschein von Sicherheit. Die Deutschen haben die Fabrik besichtigt. Es hat ihnen alles sehr gefallen, und wieder gewinnt in den Menschen der Glaube die Oberhand, daß die Arbeit sie retten wird. Sie erhalten auf ihren Namen ausgestellte Brotkarten, Kunsthonig und Malzbonbons. Wenn sie abends müde von der Arbeit kommen, erwartet sie die Mutter und begrüßt sie mit einer heißen sämigen Suppe. In die Herzen zieht die Hoffnung ein – es wird schon irgendwie weitergehen, bis der Krieg vorbei ist.

*

Es ist noch dämmrig, als Lärm im Haus Ewa weckt. Irgendwas Außergewöhnliches geht vor. Um diese Zeit schlafen die erschöpften Arbeiter sonst noch. Zumal heute, am Sonntag, dem ersten Ruhetag, den sie geschenkt bekommen haben. Sie haben sich so gefreut, ausruhen zu dürfen, die Wohnung saubermachen zu können. Die Mutter kommt halbbekleidet aus dem Flur. »Die Deutschen sind weg«, sagt sie, »ich hab durchs Fenster gesehen, die Wachsoldaten sind nicht mehr da!« Ewa geht ins Treppenhaus. Auf einem ans Bodenfenster gerückten Schemel steht ein Chasside. Die Arbeiter von Toebbens verlassen die Häuser. Irgendwas ist passiert. Perlmuter, der Polizist, zieht sich hastig an und rennt nach unten.

Um drei Uhr nachts hat die jüdische Polizei Befehl bekommen, ihre Blocks zu verlassen. Man kommt nicht dahinter, was vor sich geht. In der Nacht haben sie die Ghettoausgänge zur arischen Seite, die sonst von Gendarmerie bewacht waren, zugemauert. Wieder befällt die Menschen Entsetzen. Der Kopf dröhnt einem vor sich überstürzenden Gedanken. Wieder dieses lastende Gefühl, nichts zu wissen, und die ohnmächtige Angst. Sie müssen sich anziehen und die Rucksäcke fertigmachen. Die polnischen Arbeiter sind nicht zur Arbeit erschienen. Die deutsche Direktion ist nicht da. Sonntag.

Inzwischen ist es hell geworden. Im Hof ein Getümmel von Menschen mit Rucksäcken. Alle müssen ihre Häuser verlassen. Alle haben sich zur Miła-Straße zu begeben. Dort wird eine Aussonderung stattfinden. Alle! Aus allen Häusern – Arbeitende und Nichtbeschäftigte. Niemand wagt zu bleiben, Todesstrafe. Toebbens und dem großen Schultz hat man schon Häuser in der Miła-Straße zugeteilt. Toebbens ist eine große deutsche Firma, sie hat Vorrang. Was wird aus uns? Die K. G. Schultz hat noch keine Häuser. Schultz, der Direktor, wollte aufs Gelände. Die SS hat ihn nicht gelassen. Sie sind also ohne Schutz. Die Mutter dürfte nicht mitgehen. Lieber in der Wohnung mit dem Versteck bleiben. Die Mutter ist gekränkt. Sie bleibt, aber sowie die da sind, springt sie aus dem Fenster im vierten Stock, kündigt sie an. »Gut«, sagt Ewa und erkennt die eigene Stimme nicht mehr. »Aber nur im letzten Moment, wenn die Deutschen euch in der Wohnung entdecken. Versteck dich, vielleicht schaffen sie uns nicht alle weg. Vielleicht kommen wir hierher zu dir zurück.«

Im Hof Olek, völlig verwirrt. Unserer Fabrik hat man keine Häuser zugeteilt. Umsonst, alles umsonst. Wir gehen ins Ungewisse, in den Tod, ins Verderben. Plötzlich die Nachricht: Schultz erhebt Einspruch bei der SS. Sie lassen ihn aufs Fabrikgelände. Er hat schon ausgehandelt, daß er das Haus Miła-Straße 43 zugesprochen bekommt. Ergriffenheit. Und abermals Hoffen. Erneut zerren sie nun die Bündel, Rucksäcke, Koffer aus den Wohnungen. Artur läuft, um die Mutter zu holen. Sie kommt ohne Mantel herunter, im Sommerkleid, hat einen Rucksack auf. Sie ist wieder bei den Kindern. Wie neugeboren. Ja, es ist besser so. Es war ja schrecklich – sie hierzulassen, nur darauf hoffend, daß sie es schafft, sich rechtzeitig umzubringen.

Sie ziehen also wieder durch die Straßen. Nach Norden. Nicht in Reihen, sondern in einer Woge, in einem trägen Menschenstrom. Artur schleppt einen großen Koffer. Es gibt sogar welche, die ihre Möbel auf Leiterwagen in die Miła transportieren. Als sie an der Biegung vorbeikommen, die nach Nalewki führt, sehen sie Wagen, die beladen sind mit lebendigen Leichen. Es ist das Spital, das sie auch auflösen. Sie schicken sie in den Nordteil des Ghettos. Oder vielleicht auf den Umschlagplatz? denkt Ewa. Gehen wir nicht doch zum Umschlag? Sie spürt, wie ihr die Haare zu Berge stehen. Verzagt sagt sie zur Mutter: »Vielleicht gehst du besser zu den Schwiegereltern, dort ist das Versteck. Dort gibt es keine Blockade, weil die Deutschen glauben, in den Häusern wohnt keiner mehr.« Aber die Mutter ist entschlossen. Sie will bei ihnen bleiben.

Die Sonne brennt immer heißer. Die Leute gehen in Vierergruppen. Sie brechen aus der Reihe aus, um nach Brot Ausschau zu halten. Brot ist jetzt sehr teuer. Es ist schwer, welches zu bekommen. Ein Deutscher hat einer Frau für eine goldene Armbanduhr ein Weißbrot gegeben. Erstaunlich – er hat sie an ihrer Hand bemerkt und hätte sie ihr doch einfach wegnehmen können. Schließlich ist die Wanderung zu Ende. Erleichtert atmen sie auf. Betreten das Haus in der Miła-Straße 43, das der Fabrik K. G. Schultz zugesprochen worden ist. Das Haus ist belegt. Hier wohnen

Leute, die Arbeiter jener Fabrik, die es seit drei Tagen nicht mehr gibt. Die Neuankömmlinge lassen sich im Hof auf ihren Bündeln nieder. Die Wohnungen verschlossen. Die bisherigen Bewohner lassen die Neuen nicht herein.

Maria will nicht auf der Treppe kampieren. Sie stolpert davon. Klopft laut an die erste Tür. Man läßt sie in die Küche. Erlaubt ihr, zu verschnaufen. Es sind schon irgendwelche Leute hier. Ein Mann, eine alte Frau, ein junges Mädchen und ein Kind. Die Überbleibsel einer Familie. Der Mann hat die Frau und die Kinder verloren. Das Mädchen ist seine Schwester. Die Alte ist die Großmutter, und das Kind ist sein Neffe. Sie hocken alle zusammen auf einem sich durchbiegenden Kinderbettchen. Jetzt möchte Ewa nur mit ihrer Familie in der Küche bleiben. Im Zimmer nebenan ist es auch brechend voll. Dort dürfen sie nicht hinein. Die Toilette auf dem an die Küche grenzenden Flur – kaputt. Die Exkremente bleiben im Becken liegen, und dabei kommen alle paar Augenblicke Leute und bitten, aufs Klo zu dürfen.

*

Die Mutter, die sie in der Leszno-Straße lassen wollten, ist schon wieder dabei, ihr Leben hier einzurichten. Sie ist auf ihrem Posten. Schon kocht sie Nudeln für sie, sorgt dafür, daß sie essen, ausruhen. Ewa ist wütend, daß sie selbst so wenig Kraft hat. Sie sitzt bei der Mutter herum, und eigentlich müßte sie hinunter in den Hof, um sich umzuhören, aber es ist so ein Gedränge dort. Die Angst, sie könnte ihre Lieben verlieren, sie werde, falls plötzlich etwas passiert, nicht zurückkommen – die Ihren nicht wiederfinden.

Im Hof stinkende Abfallberge, die Klosetts zertrümmert. Zwischen schwarzen Fliegenwolken kampierende Familien mit Kindern. Durch das Fenster dringen Geräusche und Stimmen. Plötzlich schwillt der Lärm an und verstummt jäh, auf einen Schlag. Schultz ist gekommen. Er hat neue Nummern für seine Arbeiter mitgebracht. Sie können in ihre Häuser in der Leszno-Straße zurück. Wozu also das ganze? Warum ist die Mutter nicht in der Leszno-Straße geblieben? Doch vielleicht war es gut so, denn dort wird es eine Blockade geben. Aber es gibt nur achthundert Nummern.

Mama hat keine Nummer, Mama wird nicht durchkommen. Wieder wird es eine Aussonderung geben. Wieder Verzweiflung. Sie laufen zu Olek, ihrem Cousin. Er kann nichts tun. Sie rennen zu Rowiński. Kommen unverrichteterdinge zurück. Und wieder Nachrichten. Sie werden die Alten und die Kinder aus den Gruppen holen. Was sollen sie mit Mama tun?

In der Küche ist ein seltsamer Mensch. Er prahlt wie ein kleiner Junge, er habe vor ein paar Tagen hundertfünfzig Menschen vor der Blockade versteckt. Er weiß ein Versteck auf dem Boden, das keiner findet. Der seltsame Mensch sieht wie dreißig aus, aber er gibt an, er ist fünfzig. Seine Schwestern behandeln ihn mit Verachtung. Er ißt und schläft in der Küche. »Red nicht soviel!« Er ist schon in Fahrt. Sie unterbrechen ihn in seiner Erzählung, mit der er sich vor allen brüsten wollte. Zurechtgewiesen, verstummt er. Ewa empfindet eigentlich Sympathie für ihn. Er hat sein vertrocknetes Schwarzbrot im Säckel, zu dem er Wasser trinkt. Dort, in der Stube, tut sich die Familie an heißer Suppe gütlich. Er heißt Janek. Er muß in bestimmter Weise der Schandfleck der Familie sein, wenn sie ihn so schlecht behandeln. Man kann ihm nicht in die Augen sehen – sie sind klein, hellblau und schielen, wodurch sie irgenwie spöttisch wirken. Aber es ist etwas Gutes in diesem Gesicht. Lügt er? Vielleicht will er uns bestehlen?

Ewa streckt ihm die Arme entgegen. »Herr Janek, zeigen Sie mir dieses Versteck. Ich möchte meine Mutter bei euch lassen.« – »Ich kümmere mich schon um Ihre Mutter«, sagt er bereitwillig. »Sie müssen ihr nur Brot dalassen und etwas Geld. Hat Ihre Mutter Geld?« Wieder überkommt Ewa die Unruhe, aber sie folgt ihm. Er führt Ewa auf den Boden. Da, direkt unterm Dachfirst – eine Nische. So eng, daß nur eine Katze oder ein Hund dort hineinpaßt. Ewa fragt ungläubig: »Hier wart ihr? Hier versteckt ihr euch?« – »Ja. Die Deutschen sind tagelang hier herumgestrichen, mit Taschenlampen haben sie geleuchtet und haben uns nicht gesehen.« Wirklich, es ist kaum zu glauben, daß dort Menschen Platz finden können. Das ist eher ein Taubenschlag. »Dieser hohle First zieht sich durch das ganze Gebäude«, erläutert Janek. »Klettern Sie ruhig hinauf«, ermuntert er Ewa. Eine Leiter ist angestellt. Ewa verzichtet. Sie empfindet eine Angst, als sollte sie in eine ausgehobene Grube steigen. Sie glaubt Janek, der ihr verspricht, sich um die Mutter zu kümmern. Im übrigen hat sie keine Wahl. Sie könnte nicht mitansehen, wie sie die Mutter aus der Reihe holen. Sie könnte sie nicht alleinlassen. Die Mutter willigt passiv ein, sie ist resigniert, gibt den Kindern ihren Schmuck, ihr Geld. Für sich selbst behält sie nur wenig. Sie argwöhnt, daß Janek sie ausrauben will.

*

Gegen Abend werden die Lebensnummern ausgeteilt. Auf dem Hof trifft Ewa eine Freundin aus der Vaterstadt, aus der Schule. Ihre Eltern haben Nummern. Sie hat es besser verstanden, für sie zu sorgen, als Ewa für die Mutter. Aber Gutas Eltern sind nicht hier. Sie hat sie in der Leszno-Straße im Versteck gelassen. Jetzt ist sie unruhig, ob sie es auch richtig gemacht hat. »Gib mir die Nummer deiner Mutter«, bettelt Ewa. »Ich hab sie nicht, man hat sie mir nicht ausgehändigt.« – »Hilf mir«, bittet Ewa. Aber es ist zwecklos. Selbst wenn Guta die Nummern hätte, würde sie nicht riskieren, sie ihr zu leihen. Noch einmal fleht Maria Olek an. Erfolglos. Er kann nichts tun.

Auf dem Hof stehen sie in der Schlange nach den Nummern an. Überall das gleiche. Doktor Landzberg hat keine Nummer für seine Frau. Die jungen Neuankömmlinge in der Küche auch ohne Nummer. Von solchen gibt es sehr viele. Es beginnt zu tröpfeln. Aus der Nachmittagshitze ist längst abendliche Kühle geworden. Neben Ewa versucht eine junge Frau, ihr weinendes Kind zu beruhigen, das von feuerroten Pusteln bedeckt ist. Vor ihr ein bekannter Warschauer Arzt – ein großer, schlanker Mann. Die Frau hängt sich an ihn. »Herr Doktor, kann man dem Kind eine Tablette geben, um es einzuschläfern, um es im Koffer mitzunehmen? Erstickt es auch nicht?«

»Ich habe keine Nummer, ich habe keine Nummer, meine Frau hat keine Nummer, meine Tochter hat keine …« Sie laufen herum, halten jeden an, flehen. Andere, müde, resigniert, reagieren nicht mehr. »Ich laß mein Kind nicht allein, ich bleib hier, mit dem Kind.« Überall Verzweiflung, Angst, Ohnmacht, Müdigkeit, Erschöpfung. Sie gehen zurück in die Küche, in die Wohnung, für die Nacht.

Morgen um sieben Uhr haben sich alle mit Nummern auf dem Hof einzufinden. Die Mutter bittet Ewa, sich neben sie zu legen. »Das wird unbequem für dich«, sagt Ewa. Sie möchte jetzt schlafen, und sie denkt nicht an die Qual der Mutter. Ewa schläft nicht, sie hört die Mutter seufzen. Wie sollen sich gute Kinder verhalten? Mutter, Mutter, denkt Ewa, das Gesetz des Lebens ist grausam. Ich habe eine Tochter, die jetzt allein bei fremden Leuten ist. Ein kleines, vierjähriges Kind. Ich muß am Leben bleiben, für sie. Ewa überläßt ihre Lebensmittelvorräte alle der Mutter, läßt ihr die warme Decke und ihren Mantel. Sie umsorgt sie zärtlich, aber das alles vermag ihre Schuld nicht wettzumachen. Wie die Mutter mitnehmen, ohne Nummer?

Am nächsten Tag bewegt sich eine Menschenschlange mit quadratischen rosa Pappstückchen in den Händen auf den Ausgang der Straße zu. Hier läßt der jüdische Polizeikordon nur die durch, die eine Nummer haben. Jetzt stehen sie schon hinter der Absperrung. Bei ihnen ist ihr großer Deutscher, Schultz. Da taucht SS mit Peitschen auf. Sie brüllen, schlagen. Lähmende Angst. Die jüdischen Polizisten zählen im Beisein eines dicken SS-Manns mit dem Gesicht einer wütenden Bulldogge die Menschen. Es müssen achthundert sein. Soviel Nummern sind ausgegeben worden. Die ohne Nummern fischen sie heraus. Auch die Kinder müssen aus der Reihe treten.

Neben Ewa schluchzt die kleine Wandzia bitterlich. Ihre Mutter, die Frau eines Rechtsanwalts aus Łódź, ist weiß wie die Wand. Sie hat eine Lebensnummer, aber sie geht mit ihrem Kind hinüber zur anderen Straßenseite. Dort befiehlt die SS allen niederzuknien, die sie aus der Reihe gezerrt haben. Ewa blickt mit vor Entsetzen geweiteten Augen zu denen an der Hauswand hinüber. Dort ist die Spulerin Genia. Sie sitzt mit ihren Kindern an der Wand. Eine Bekannte aus ihrer Heimatstadt, kniend, mit ihrem laut weinenden Töchterchen. Ein Mann streckt Schultz die Arme entgegen. »Lassen Sie mich durch, ich laß das Kind zurück, ich hab eine Nummer.« Eine Sekunde später sieht Ewa, wie er sich von dem Kind losreißt. Ein anderer Mann nimmt den Rucksack von den Schultern, wirft rasch den Inhalt heraus, und im Handumdrehen verschwindet ein heller Haarschopf darin. Der Mann tritt mit dem Rucksack auf dem Rücken zum Direktor. »Ich geh ohne das Kind«, sagt er. »Geh.« Ist es möglich, daß kein Deutscher das bemerkt hat? Es gibt Mütter, Väter, die ihre Kinder einem ungewissen Schicksal oder vielmehr dem sicheren Tod aussetzen. Sie selbst gehen davon, ohne sich umzusehen, bloß leben.

Ein kleines Mädchen mit hellem Haar reißt sich aus der knienden Gruppe der Verlorenen und schießt wie ein Pfeil zurück in die Reihe, direkt unter die Mantelschöße des Vaters. In die Fünferreihe von Ewa schiebt sich ein kleiner Junge. »Laßt mich durch, laßt mich durch, dort ist mein Papa«. Aber überall scheuchen sie ihn weg. Die teuflische Angst vor der kollektiven Verantwortung. Seinetwegen nehmen sie womöglich die ganze Fünfergruppe mit. Wieder zählt man sie. Wie Vieh. Immer noch, noch immer sind sie zuviel, vier Personen zuviel. Und wieder machen sich die jüdischen Polizisten und die Werkschutzleute der K. G. Schultz auf Befehl der Deutschen auf die Suche nach den Überzähligen. Sie führen einen älteren schlanken Mann ab. Die Jungen haben den Vorrang.

Die Kolonne setzt sich schon in Bewegung, da zeigt ein deutscher Spitzel mit dem Finger. »Die Frau da hat auch keine Nummer.« Das ist der Übereifer des Gestapomanns Gecel, eines deutschen Juden. Der SS-Mann mit dem Gesicht einer wütenden Bulldogge treibt die

Frau von Doktor Landzberg mit dem Gewehrkolben vor sich her, die mit kurzsichtigen Augen ratlos nach ihrem Mann sucht. Der geht weiter, gerade, ungerührt. Auf der arischen Seite sind seine beiden kleinen Töchter. Darf er sie ohne Obhut, allein bei fremden Leuten lassen? Weiter, weiter, schnell weg von hier, nur nicht mehr zu den Verurteilten an der Wand sehen müssen! Noch in letzter Minute legt eine Frau wie eine Opfergabe ihre Kinder ab und kehrt in die Reihe, zu ihrem Mann zurück. Sie ziehen durch leere Straßen. Zurück zu den Häusern, in die Fabrik, ins Leben.

Neben Ewa und Artur marschiert ein jüdischer Polizist. Hattet ihr Verwandte bei denen von den Federn? Ja, der Vater und die Brüder des Schwagers waren dort. Sie haben alle geholt. Unmöglich. Ja, die ganze Werkstatt haben sie abgeholt. Er hatte auch dort Familie. Er hat ihnen befohlen, sich zu verstecken. Er weiß nicht, ob sie auf ihn gehört haben. Ewa geht weiter mit der Bürde dieser furchtbaren Nachricht. Wie bringt sie das Tadeusz bei? Er hängt so sehr an seiner Familie. Vor Ewa humpelt dieselbe brünette Frau mit der Brille, der sie während der Blockade am Donnerstag begegnet ist. Wo ist ihr Töchterchen? Die Frau schleppt einen großen, sehr schweren Rucksack, sie bricht fast zusammen unter der Last. Ein irgendwie seltsamer Rucksack, er bewegt sich. Ewa begreift.

Sie halten vor dem Tor in der Leszno-Straße 76. Zuerst wird das Haus von den Illegalen gesäubert, die sich dort versteckt halten. Es sind bereits deutsche Gendarmen zur Stelle, SS ist da. Sie gehen hinein, begleitet von der jüdischen Polizei. Jetzt bedauert Ewa nicht mehr, daß sie die Mutter nicht in die Leszno mitgenommen hat. Sie führen die ersten Leute heraus. Die jüdischen Polizisten schleppen in einem Teppich, nicht auf einer

Trage, einen blutüberströmten Toten heraus. Ein Selbstmörder. Ewa versteht die Aufregung von Guta. Ihre Eltern sind dort drin. Guta kann nicht ruhig stehen. Wie soll sie ihnen helfen? Sie entschließt sich zu einem Wahnsinnsschritt. Dieser Gecel, der deutsche Jude, der heute auf einmal eine so bedeutende Rolle spielt, der hat ihr früher Komplimente gemacht ... Guta faßt ihn beim Arm. »Helfen Sie mir!« Sie sieht ihn mit ihren schönen Augen an. Jetzt kniet Guta neben Ewa. Sie hat für ihre Eltern getan, was sie tun konnte. So viel hat sie immer erreicht mit einem Lächeln ihres kleinen karminroten Mundes. Und jetzt beginnt sich ihr Gesicht zu verfärben, das Blut weicht aus den Wangen und kehrt als Scharlachröte zurück.

Jetzt führen die Gendarmen ihre Eltern heraus. Der Schrei eines verwundeten Tieres. Und nun wirft sie sich zwischen die deutschen Direktoren, von denen einer mit ihrem Mann in die Schule gegangen ist. Nichts zu machen. Warum haben sie sich versteckt? Ewa denkt, wenn Guta mir ihre Nummer gegeben hätte, hätte ich meine Mutter retten können. Diese Nummern werden ihren Eltern gar nichts mehr nützen. Wie ist es möglich, daß Gutas Unglück ihren eigenen Schmerz stillt?

Die zusammengeschnürten Bündel beginnen zu wimmern. Sie piepsen wie erstickende Katzen. Und plötzlich sind Kinder zu sehen. Es ist ein gutes Dutzend. Man wird diese Kinder durchschmuggeln. Schon verschwinden die ersten Fünfergruppen im Hauseingang. Der große Schultz läßt die Kinder durch. Und eine sklavische Dankbarkeit für den Fabrikherrn kommt auf. Dicht vor Ewa geht Lutka, die große Tochter der Spulerin Genia. »Haben Sie meine Mama nicht gesehen?« – »Ja, doch, sie ist mit den Kindern in der Miła zurückgeblieben. Komm, geh zum Tor, Lutka, vielleicht lassen sie dich hinein.« – »Ich will zu Mutter«, sagt das Mädchen, aber sie hört auf Ewas Worte und nähert sich dem Tor. Die jüdischen Polizisten lassen sie nicht vor. Zehn Kinder haben sie durchgelassen. Das ist genug für achthundert Arbeiter. Die anderen Eltern mit Kindern müssen sich auf die Seite stellen. In einer von Polizei umringten Gruppe stehen die Ehefrauen ohne Nummern, die zurückbleiben. Wieder schlägt das Schicksal zu. Ewa sieht, wie die Frau mit den aufgesteckten Zöpfen und der Hornbrille mit ihrem großen Rucksack auf dem Rücken ruhig, aufgerichtet das Tor durchschreitet.

*

Sie sind wieder in ihrer alten Wohnung. Die dicke Celina mit ihrer verweinten Mutter ist da. »Sei still, heul nicht«, sagt die Tochter wütend, aber sie leidet selber. Sie mußten Józio in der Miła, an der Wand zurücklassen. Tepler mit seinem schönen hellhaarigen Töchterchen ist da. Sie war es, die zu ihm gesprungen ist, in die Reihe. Seine Frau ist mit dem kleinen Jungen an der Wand geblieben. Der ältere Sohn hat sich in der Miła mit einem roten Fahrschein statt der Nummer durchgeschlagen. Er hatte Angst, ihn den Deutschen vorzuzeigen, und hat sich in einem leeren Nachbarhaus versteckt. Sobald es dunkel wird, kommt er über die Dachböden her. Der Chassid Judkowski ist da. Ewa hat gesehen, wie er sich durch den Zaun von seiner Mutter verabschiedet hat, und jetzt bereut er es laut und theatralisch vor allen. »Ich bin vor der Qual geflohen, hab sie allein gelassen!« Am Abend wird er zwei Kerzen anzünden – für seine Frau, für die Mutter. Die Perlmuters sind da – der Polizist mit Frau und Kind. Sie haben schwere Stunden hinter sich. Der Polizist mit dem verkrüppelten Kind auf dem Arm. Als die Kinder geholt wurden, ist er zu einem SS-Mann gegangen. »Das ist mein Sohn«, hat er unterwürfig gesagt. »Geh durch«, entschied der Deutsche.

Die Wohnung ist überfüllt. Hier ist ein Versteck. Wenn man es auflösen würde, wäre mehr Platz, aber der kleine bucklige Sohn des Polizisten verbietet es mit dem Finger – es kann noch von Nutzen sein. Er, das Kind, schleudert ihnen ins Gesicht, was sie nicht denken wollten! Es ist noch nicht vorbei!

Zurück in der Fabrik. Freude, die Geretteten wiederzusehen. Die Arbeiter debattieren laut. Was wird aus den Tausenden, die in der Miła geblieben sind? Aber es treffen schon Nachrichten ein. Dort tobt seit dem Morgen eine Blockade. Wieder der Schmerz und die schreckliche Unruhe derer, die ihre Familien dagelassen haben. Man weiß bereits, wer die Mutter ist, die ihr Kind am Zaun abgelegt hat. Jeder klammert sich an irgendeine Hoffnung, will sein Gewissen reinigen und seinen Schmerz betäuben. »Józio ist gescheit«, sagt Celina. »Der versteckt sich bestimmt.« Am Abend fährt sie mit einem Polizisten hin und holt ihn. Meine Kleine ist mit der Familie meines Bruders in einem Unterschlupf. Meine Frau hat gesagt, ich soll gehen. In Nalewki, wo Ewas Schwiegereltern geblieben sind – Ruhe. Die Deutschen sind völlig sicher, daß niemand gegen ihren Befehl dortgeblieben ist. Mama hat ja ihr Versteck, denkt Ewa. Aber warum hat sie nicht auf uns gehört und ist nicht zu den Schwiegereltern nach Nalewki gegangen?

Die Blockade in der Miła geht weiter. Sie dauert schon den dritten Tag. Man kommt dorthin nicht durch, dabei sind doch auch die Kinder der wohlhabenden und einflußreichen Leiter dortgeblieben. Guta ist völlig aufgelöst. Ewa trifft sie meist in der Mittagspause. Barfuß, in Hausschuhen, den Mantel hastig über das Hemd gezogen. »Ich hab sie ins Verderben gestürzt«, sagt sie und krallt die Finger in Ewas Arm. »Verstehst du?« Im Laufe dieser paar Tage hat sie ihre Jugend und ihre Schönheit verloren. »Wenn sie sterben, spalte ich mir den Schädel!« – »Du hast einen Sohn«, sagt Ewa. »Nein, ich kann damit nicht leben.« Sie ruht nicht, redet mit irgendeinem rothaarigen Polizisten. Zerzaust und verwahrlost, spricht sie die polnischen und die deutschen Direktoren an. Sie müssen ihr helfen, müssen! Um die schleicht auch Dr. Landzberg herum. »Wenn ich achttausend Złoty hätte, bekäme ich meine Frau heraus. Verstehen Sie, achttausend Złoty. Vor dem Krieg hätten mich achtzigtausend nicht ruiniert, wenn ihre Gesundheit auf dem Spiel gestanden hätte, und jetzt geht es um ihr Leben.«

Die Mehlhändler, die die Verpflegungsstelle der K. G. Schultz führen, wollen mit dem Wagen in die Miła-Straße. Sie werden die Wache bestechen und ihre Familien aus der Hölle holen. Ewa redet mit einem Maschinenarbeiter. Er leidet auch, ihn quälen Gewissensbisse. Warum hat er seine Frau dagelassen? Aber sie wollte nicht mit ihm mit. Sie wollte sich nur verstecken. Er hätte bei ihr bleiben müssen. – »Ich hab meine Mutter dagelassen, aber mich hat die Angst getrieben, daß das Schlimmste womöglich in meinem Beisein passiert.« – »Ja«, sagt der Maschinenarbeiter, »und ich hätte nicht mit ansehen können, wie sie sie holen. Aber ich finde sie, rette sie, oder ich sterbe selber.« Aus seinen Worten spricht Tatkraft und Stärke. Ein kleiner, untersetzter Arbeiter, der seine Familie ebenfalls im Kessel in der Miła zurückgelassen hat, ist ruhig. »Meine Familie kommt durch, sie ist untergetaucht. Sie haben schon manche Blockade überstanden.« Die Bornsztajns aus dem Laden sind am Morgen losgefahren. Sie haben ihre Familie hergebracht. Sie haben die Gendarmen bestochen. Das sind Berufsschmuggler. Sie sind immer mitten ins Feuer gegangen.

Ein Deutscher aus der Fabrik hat für fünfzigtausend Złoty die Frau und das Kind eines Angestellten mit dem Firmenwagen hergeholt. Ewa, Maria und ihre Männer versuchen herauszukriegen, wie so was bewerkstelligt wird. Aber über diesen Dingen liegt ein Geheimnis. Die Geholten dürfen sich nicht auf dem Fabrikgelände aufhalten, und sie wollen nicht mit der Sprache heraus. Es sind viele im Feuer in der Miła geblieben. Sie gehen fieberhaft umher, beratschlagen, suchen nach Wegen. Ein Leiter hat seinen kleinen Sohn im Versteck gelassen. Jetzt hat er für schweres Geld Deutsche hingeschickt. Sie sind mit dem Auto hin. Sie haben das Kind hergebracht, aber dabei ist ein gutes Versteck aufgeflogen, und mehr als zwanzig Menschen wurden ins Verderben gestürzt. Der Maschinenarbeiter, der seine Frau in der Miła gelassen hatte, wollte sie holen und wurde geschnappt.

Ewa ist derart verzweifelt, daß sie beschließt, wenn die Mutter umkommt, nimmt sie sich das Leben. Sie redet sich selber zu: Ewa, du hast Elżbietka, für sie mußt du am Leben bleiben. Guta hat ihre Eltern vom Umschlagplatz gerettet. Sie bemüht sich erneut um deren Einstellung in der Firma.

*

Die Miła ist eine Falle. Man hat dort Tausende von Menschen zusammengetrieben, und jetzt holt die SS sie dort heraus. Sie sammeln die auf den Straßen und in den Höfen Kampierenden ein, zerren die Leute aus den Wohnungen, durchkämmen alle nur möglichen Plätze, um die Juden zu finden. Die Mutter ist in diesem Kessel! Dieser verzweifelte Gedanke treibt Ewa an den Rand des Wahnsinns. Und ständig die Nachrichten von dort. Sie holen zehntausend, fünfzehntausend täglich. Holen sie bis auf den letzten Mann.

»Mama hat ihr Versteck«, sagt Maria. »Du warst doch auf dem Boden und hast es dir angesehen.« Wie soll sie gestehen, daß dieses Versteck ein enges Loch ist, in dem es ein Hund nicht aushalten würde. Und vielleicht hat Janek sie hinters Licht geführt? Vielleicht kann man sich dort gar nicht verstecken? Sie hat die Mutter fremder Obhut anvertraut. Er hat nach ihrem Geld gefragt, er wird sie ausrauben.

Es ist Samstag. Die dort, im Kessel, leiden schon sechs Tage. Sechs Tage, das ist nicht viel, aber sechs Tage zusammenzusetzen aus Minuten grauenhafter Angst und Qual … Dann werden Minuten zu ewiger Pein. Um zwei Uhr nachmittags kommt jemand in die Fabrik gestürzt. Die Blockade in der Miła ist aufgehoben. Die Deutschen haben die Miła verlassen. Ein Schrei der Erleichterung und der Freude. Schon wollen ein paar Männer zu ihren Angehörigen laufen, die sie dort zurückgelassen und versteckt haben. Ewa wirft ihre Arbeit hin. Ich muß zu Mutter. Wenn ich sie lebend finde, bin auch ich gerettet. Maria, Tadeusz und Artur wollen sie zurückhalten. »Warte, jetzt sind Stunden auch nicht mehr entscheidend. Wir vergewissern uns, renn nicht als erste hin.« Sie ist nicht zu halten. Sie gehen zu mehreren. Das Gefühl der Gefahr hält Ewa in Anspannung. Das ist die Buße für die Schuld gegenüber der Mutter. »Guter Gott, mach, daß sie noch da ist. Ich will auf alles im Leben verzichten.«

Direkt vor dem Zaun, vor dem aus Brettern zusammengenagelten Tor, wo ihre Nummern überprüft wurden, als sie die Miła verließen, verkauft ein Mann Brot. Ewa kauft einen Laib, und ein entsetzlicher Gedanke durchzuckt sie. Und wenn die Mutter nicht mehr da ist? Keine Zeit verlieren! Sie trennt sich von den Gefährten und rennt über die Straße, durchquert den Hof. Sie hetzt die Treppe hinauf, hämmert mit Fäusten an die verschlossene Tür. Sie ist da, sie ist da! Wie sie abküssen, sie streicheln, wie ihr ihre Zärtlichkeit und ihre Freude zeigen, daß sie da ist, daß sie jetzt nicht mehr zu leiden brauchen, daß sie weiterleben! Mama, Mama, Mama! Und auch Janek ist da! Ewa fällt ihm um den Hals. Er hat sie nicht betrogen, er hat sein Versprechen gehalten. Die Mutter verlangt nach Brot. Sie sind hungrig. Sie hat ihre Vorräte aufgeteilt. Schon drei Tage haben sie nichts mehr gegessen. Jetzt sieht Ewa, daß die Mutter gelb im Gesicht ist. Sie hat Geschwüre, verletzte Arme und Beine. Dort, auf dem Dachboden, war es so schrecklich. »Am dritten Tag wollte sie sich nicht länger verstecken. Ich hab sie mit Gewalt vom Fensterbrett gezogen«, sagt Janek. »Sie wollte sich aus dem Fenster stürzen.« – »Es war schrecklich, schrecklich«, sagt die Mutter. »Ich war sicher, daß ich euch nie wiedersehe.« Plötzlich Gerenne im Hof, Schreie. Das ist nicht schlimm, es sind nur die Ukrainer, die die leeren Wohnungen plündern. Die Leute lassen sie ungeschoren, sie haben keinen Befehl.

Ewa kann die Mutter jetzt nicht mitnehmen. Auf der Straße ist es unruhig. Sie hat einen Ausweis. Eine junge Arbeiterin lassen sie passieren. Sie muß rasch zu ihrem Mann zurück, zu Schwester und Schwager. Bestimmt machen sie sich Sorgen um sie. Morgen wird sie die Mutter holen. Morgen ist Sonntag und arbeitsfrei. Sie wird die Mutter nach Nalewki bringen, zu den Schwiegereltern. »Und später, du wirst schon sehen, dann versuchen wir, daß sie dich in der Fabrik aufnehmen. Hab keine Angst, Mama, Liebe. Alle sagen, das ist das Ende der Aktion. Wir sind davongekommen! Ist das nicht ein Wunder?! Jetzt überleben wir den Krieg, wir überleben!« – »Ja«, sagt die Mutter, »der Tod will mich nicht.«

Sie gehen zurück. Ewa klammert sich krampfhaft an einen gebeugten Mann, der wie von Sinnen ist. Sie arbeitet mit ihm in einem Saal. Er ist völlig außer sich. Er hat vergeblich auf demselben Hof, in einem getarnten Keller, nach seiner Frau und seiner Tochter gesucht, die er vor einer Woche dort versteckt hatte. Sie sind nicht da! Ewa wird von Angst geschüttelt. Nicht auf Deutsche stoßen. »Was habe ich noch vom Leben«, sagt der Mann, »sollen sie mich schnappen.« Deutsche Autos kommen an ihnen vorbei. Die Straßen verlassen, die Läden ausgeplündert, eingeschlagen. »Ist alles ruhig?« Ein verängstigter Junge hält sie an, er huscht geduckt vorbei. »Dort«, sagt er, »haben sie gerade noch Leute eingefangen.« Ewas Gefährte fängt an zu zittern. Wieder bangt er um sein eigenes gebrochenes und schäbiges Leben. Deutsche gehen an ihnen vorüber. Ewa schließt fast die Augen. Nur nach Hause.

Auf dem Hof erwartet sie die Familie. Maria ist verweint. »Weißt du, was wir ausgestanden haben. Dort, in der Miła, war vor einer Stunde eine Blockade. Wir haben einen polnischen Polizisten nach dir geschickt.« Nach der Mutter brauchen sie nicht zu fragen. Ewas Augen, Gesichtszüge, die heftige, kaum beherrschte Erregung verraten die Freude. Sie muß fremde Menschen küssen, muß reden. »Meine Mutter lebt, sie lebt.« Celina ist niedergeschlagen aus der Miła zurückgekommen. Ihre Mutter weint. Celina hat Józio nicht gefunden.

*

Genia, die Spulerin, hatte sich auf dem Trottoir an die Wand gesetzt. Mit ihren beiden kleinen Kindern hatten sie sie als erste als der Reihe geholt. Lutka, die Älteste, war in der Gruppe geblieben, die Nummern hatte. Vergeblich sieht sie sich die Augen nach dem Mädchen aus. Nein, sie wird nicht nach ihr rufen. Vielleicht ist es eine Fügung? Soll sie sich retten, sie ist vierzehn, aber sie ist kräftig und geschickt, sie wird sich zu helfen wissen. Genia sieht sich um. Mit zwei Kindern schafft sie es nicht, kann sie nicht fliehen. Sie sieht, wie ein Mann neben ihr sein Kind in einem Sack verstaut. Sie hat keinen Rucksack. Und sie hat ja zwei Kinder. Eine Frau kniet bei ihr nieder. Sie fleht mit dem ersterbenden Blick eines verwundeten Vogels. Sie ist so zerbrechlich und schwach. Ihr kleines Mädchen will nicht aufhören zu weinen. Nur Genias Kinder sind still zwischen den Falten des mütterlichen Kleides. Genia denkt jetzt nicht an sich. Sie ist nur wütend auf diese Mütter und Väter, die ihre Kleinen ausgesetzt und sich rasch davongemacht haben. Sie zieht irgendein fremdes Kind zu sich heran. Möchte der Mutter hinterher. Sobald sie sich rührt, wird ein Deutscher aus dem angelegten Gewehr auf sie schießen. Und der junge schöne Mann da führt seinen kleinen Sohn bis zur Wand und sagt mit scheinheiligem Lächeln: »Warte hier, ich bin gleich wieder da.« Der kommt nicht wieder, denkt Genia. Sie verachtet ihn. Aber die Mütter, die ihre Kinder verlassen – die haßt sie. Krepieren werdet ihr, das Gewissen wird euch auffressen. Und sie spuckt vor der Frau aus, die ihren Jungen von sich stößt. Sie fühlt jetzt weder Angst noch Qual. Lutka kommt zurecht, und sie gibt die Kleinen nicht her. Noch eine Frau ist da, mit ihrem Jungen. Ihr Mann ist ungerührt in der Reihe geblieben. Meiner ist gestorben, als er nach Brot für die Kinder suchte, denkt Genia.

Sie setzt sich gerade auf. Die kleinen Hände suchen ihre Hand. Hab keine Angst, keine Angst. Ihr Herz hämmert. Die Reihe setzt sich in Bewegung. Sie möchte ihr nach. Dort ist Lutka. Aufstehen! Die Deutschen überlegen, was sie mit ihnen tun sollen. Gleich auf den Umschlag damit? … Nein, sie sind zu wenig. Sie bleiben im Kessel. Ein Junge traut sich nicht vom Fleck. Seine Eltern sind dort verschwunden, er soll hier warten, bis sie zurück sind. Eine junge Frau mit aschgrauem krausem Haar versucht vergeblich, ihr Töchterchen zu beruhigen. »Na, siehst du, Wandzia, ich hab dich nicht allein gelassen, ich bin bei dir.« Aber die Kleine schluchzt laut. Ihr Gesicht ist geschwollen, die Augen sind blutunterlaufen. Als die Deutschen sie wieder hinter den Bretterzaun in die Miła treiben, beschleunigt sie den Schritt. Auch andere sondern sich ab. Was fängt Genia mit dieser Schar von Kindern an? Zwei Püppchen in rosa Kleidchen klammern sich an die Fransen ihres Umschlagtuchs. »Ich muß hier am Ausgang bleiben«, sagt ein braunhäutiger Junge. »Meine Schwester schickt einen Polizisten her, der mich holt. Wenn ich mich wegrühre, finden sie mich nicht mehr.« Was soll Genia ihm raten? – »Platz da, Platz da.« Ein jüdischer Polizist drängt sie zur Seite. Eine Gruppe Juden geht zum Umschlag, zum Transport. Sie schieben sich tiefer nach drinnen. Ihr folgen fremde Kinder – verängstigt und verweint. Daß Kinder so weinen können! Nur Tränen und ein Zucken um den Mund, kein Klagen.

Genia steht jetzt auf dem Hof. So viele Kinder hier, nur Kinder, lauter Kinder. »Ist das ein Kinderheim?« – »Nein«, sagt der jüdische Polizist. »Diese Kinder haben sie aus der Reihe geholt, ihre Eltern haben sie ausgesetzt. Uns verfluchen sie, wir sind die Hundefänger, aber wir retten wenigstens unsern Familien das Leben, und die geben sie auf, lassen sie allein zurück.« Voller Angst hören die Kinder seine Worte, hilflos und verweint stehen sie da. Reden nicht miteinander. Die beiden rosa Püppchen halten sich bei den Händen. »He, Jungs, helft mir mal!« sagt ein junger Mann gerührt. Und die jüdischen Polizisten stellen Eisenbetten auf, Sofas, holen Strohsäcke. Jemand hat einen Kübel Wasser gebracht und Töpfe. Genias Kinder sind ruhig, sie sind bei der Mutter. Sie schauen mit einer gewissen Überlegenheit zu, wie sich die anderen Kinder ganz still auf den Möbeln rundum niederlassen. »Wo ist ihre Mama?« fragen Genias Kinder. Sie blickt ernst zu dem Haus, überlegt angestrengt. In diesen Wohnungen sind noch Leute, sie haben Verstecke, vielleicht lassen sie uns hinein? Sie läuft die Keller und die Dachböden ab, sucht nach einem Unterschlupf. Es steht doch fest, daß die Deutschen kommen und sie alle einsammeln werden. Die Wohnungstüren verschlossen. Wie sollen sie auch jemanden einlassen, sie sitzen doch in ihrem Versteck. Wie sie erweichen, im Namen der Kinder? Dort, auf dem Hof, gibt es einen ganzen Chor weinender Kinder.

Wieder ist Genia unten. Dadzio greift verstohlen nach ihrer Brust. Genia schiebt Hanka ein Stückchen Brot in die Hand. »Setz dich hierher, dreh dich weg«. Sie will nicht, daß die anderen Kinder es sehen, aber sie sehen es, und sie bitten um nichts. Sie haben Durst, aber sie gehen nicht zu dem Wasserkübel. Steif sitzen sie da, reglos, gelähmt vor Angst. Ein kleiner Junge hat ein großes Bündel. »Hast du Brot dort drin?« fragt Genia. Er knüpft das Bündel auf. Mehl und Grütze in einer Papiertüte ist darin. »Ich hab Geld«, sagt er scheu. Genia gibt ihm eine Scheibe Brot. Ein Kleiner steht dabei und schaut gierig zu. Es ist nicht auszuhalten. Ich muß hier weg!

Auf der Straße Schüsse. Hanka ist eingeschlafen. Die beiden rosa Püppchen hocken zu ihren Füßen. Wollt ihr was zu essen? Sie wollen nicht. Sie warten auf den Papa. Weinen nicht. Die Stunden verrinnen, und sie sieht nur all die Kinder. Sie bringt es nicht mal übers Herz, ihre eigenen zu küssen. Ärmliche Kinder und reiche Kinder. Herrschaftliche Kinder in seidenen Fetzchen. Ein kleiner Junge in einem Sepplanzug, die Locken ordentlich gescheitelt. Genia sitzt da wie festgewachsen. »Kann man raus?« fragt sie die Polizisten, die manchmal hier hereinkommen. »Nein, sie ziehen in Kolonnen zum Umschlagplatz.« Sie denkt an Lutka. War es falsch, daß sie sie nicht gerufen hat? Irgendein Kind fängt laut an zu schluchzen, ein anderes antwortet mit Weinen. Jetzt weinen inzwischen alle. Hanka und Dadzio schlafen friedlich. Genia weint. Wird Gott sie nicht strafen, diese Verbrecher? – »Weint nicht«, sagt sie. Aber jetzt brechen alle Dämme unter der ohnmächtigen Verzweiflung. Zu Mama, zu Mama. Genia sitzt wie in einer Theatervorstellung. Das ist nicht wirklich wahr, es ist ein Alptraum. Wach auf, lauf weg! Der verschlafene Dadzio beißt sie in die Brust. Der Schmerz bringt sie in die Gegenwart zurück. Sie war wohl eingenickt. Es wird ja schon dunkel, schon greift die nächtliche Kühle nach ihnen. Die Kinder sitzen immer noch da. Sie sind müde, aber sie legen sich nicht hin. Sie sitzen da und zittern. Ihre Köpfchen sinken wie welke Blumen zur Seite, die kleinen Gesichter tränenverschmiert, erschöpft vom Weinen. Aber das Traurigste sind diese kindlichen Seufzer. Sie muß betrunken sein, daß sie noch hier hockt, daß sie sich nicht losmachen kann von diesen Kindern.

Auf der Straße ist es inzwischen still. Aus den Wohnungen stehlen sich Menschen. Nur draußen, vor den abgeriegelten Straßenausgängen, stehen Gendarmen mit Gewehren. Genia erhebt sich. Sie weckt Hanka. Dadzio hält sie auf dem Arm. Ein paar Kinder stehen auf. Sie wollen mit. Nein, nein, wartet hier. Hanka kämpft mit einem Händchen, das sich an ihrer Jacke festkrallt. Vom Tor aus sind der Bretterzaun und Gendarmen zu sehen. Keine Menschen. Irgendwo an der Hauswand ein Kind ... Hören die Kinder denn nicht auf, sie zu verfolgen? Wenn sich jetzt ein fremdes an sie hängt, sie wäre fähig, es zu schlagen. Jetzt kommt heftiger Zorn in ihr hoch. »Bist du gleich still?!« ruft sie Hanka zur Vernunft. Dicht vor ihr geht ein Gendarm auf und ab. Genia weicht in die Hofeinfahrt zurück. Er ist vorüber. Wenn er sie durch den Drahtverhau ließe, ginge sie geradewegs in die Fabrik, in ihre Wohnung. Dort ist bestimmt Lutka. Sie weint, so verlassen. Ich werd ihn bitten, vielleicht läßt er mich. Der Deutsche kommt zurück. Er bleibt am Tor stehen, brennt sich eine Zigarette an. Das ist das Zeichen. Genia reißt die goldene Armbanduhr vom Handgelenk. »Bitte lassen Sie mich durch, ich arbeite in der Fabrik.« Der Deutsche betrachtet die Uhr, versenkt sie in seiner Tasche. »Versteck dich«, wirft er kurz hin und verschwindet. Der kommt nicht zurück, denkt Genia verzweifelt. Die Uhr war das letzte, was ich hatte. Die Straße entlang kommen Deutsche, zu Pferde. Jetzt weiß Genia, er wird zurückkommen, sie hat sein Gesicht gesehen, er rettet sie und die Kinder. Der Deutsche kommt zurück. »Komm mit, ich führ dich hinüber. Allein kannst du nicht los, sie erschießen dich. Hab keine Angst.« Sie folgt ihm. Hanka nimmt sie jetzt auch auf den Arm. Die Kleine sträubt sich, sie hat Angst vor dem Gendarmen. Sie gehen die Straße entlang, die nur der Mond beleuchtet. Schließlich biegen sie seitlich ab, und dann weiter bis zu irgendwelchen Holzschuppen, ebenerdigen Häuschen. »Hier ist es ruhig«, versichert der Deutsche, »du kannst mir glauben.« Die Nacht bricht herein.

Ein paar Tage später ist Genia wieder in ihrer Wohnung in der Leszno-Straße, in der Schultzschen Fabrik. Sie ist verdreckt und erschöpft, die Kinder sind krank. Lutka, an die sie immerzu gedacht hat, ist nicht da.

*

In der Fabrik geht es etwas entspannter zu. Nach dem Kessel in der Miła macht sich eine Art Zuversicht breit, daß die Aussiedlung zu Ende ist. Line lädt sie alle vier und Eda, die mit Maria beim Sockensortieren arbeitet, zum Abendbrot ein. Es gibt sogar Wodka. Die Frauen haben sich zurechtgemacht, die Männer in Schlips und Anzug. Das Zimmer, das Line mit seiner sechzehnjährigen Tochter bewohnt, ist sauber und freundlich. Eine ausnehmend nette Atmosphäre. Mira, Lines Tochter, singt Schlager, die sie an das Leben vor dem Krieg erinnern: die Kabaretts, Tanzvergnügen, Männer. Sie sind fröhlich und ausgelassen, Eda aufgekratzt. Sie hat glänzendes helles Haar und feurige schwarze Augen. Maria heiter, aber schweigsam. Line ist noch ein junger Mann, denkt Ewa. Er sieht aus wie dreißig, aber er hat eine erwachsene Tochter. Eda ist eine alleinstehende Frau. Sie treffen sich jetzt fast täglich, abends, nach der Arbeit, bei Line oder in Edas Wohnung. Sie sind der Aussiedlung entgangen. Eda erwähnt jetzt seltener ihren Mann. Sie ist fröhlich, jung.

Sie strahlt und strahlt, für Line. Maria und Ewa sprechen darüber, was das für ein außergewöhnlicher Mann ist, so ganz anders als die anderen Leiter. Sie bilden auf dem Werkgelände etwas wie eine kleine familiäre Insel unter all den unterschiedlichen Menschen.

Die Frau des Hausmeisters, eine gerissene Blondine, verkauft in der Fabrik Brötchen und Bonbons, die die polnischen Arbeiter von der arischen Seite hereinbringen. Der »Vornehme« kauft Brötchen für den Arbeiter, der seine Norm mitmacht, und sieht auf alle herab. Er bringt die Leiter durch seine Nonchalance auf und verheimlicht nicht im geringsten, daß er nichts tut. Sie können ihm nichts vorwerfen. Schließlich liefert er die vorgeschriebene Menge Bügelware ab.

Artur will sich zu den Eltern durchschlagen, die in Nalewki geblieben sind, in der Zamenhof-Straße 37, und dort als »Wilde« im zentralen Ghetto leben. Sein Verlangen, die armen Alten wiederzusehen, ist sehr stark. Obwohl das äußerst gefährlich ist, stiehlt sich Artur unter der Mauer durch. Durch ein Loch in der Wand eines schon 1939 ausgebombten Hauses gelangt man in die Zamenhof-Straße 35. Man muß einen Trümmerplatz überqueren, einen Trichter überspringen, über einen Holzsteg, der zwischen den Mauern hängt, balancieren und kommt in das Treppenhaus der Zamenhof-Straße 35. Und dann weiter in die 37, wo die Eltern sind. Wenn in der leeren, abgeriegelten Straße eine Wache steht, ist ihm eine Kugel sicher.

Vorsichtig robbt er bis zum Hoftor. Die Straße liegt leer. Vor ihm kein Mensch zu sehen. Besser, er schaut sich nicht um. Jetzt geht er durch das Tor und macht die Tür hinter sich zu. Ein langgestreckter Hof, der an eine Gasse in einer Kleinstadt erinnert. Alles verlassen

hier und entsetzlich still. Die blinden Augen der Haus-
fenster sind auf Artur gerichtet. Keine Spur von Leben. Aber Artur spürt, irgendwo aus dem Verborge-
nen, durch die Ritzen, beobachten ihn die Augen
versteckter Menschen. Seine Schritte hallen laut in
der Stille.

Schon auf der Treppe trifft er die Eltern. Sie kommen
ihm entgegen. Sie haben ihn durch einen Fensterspalt
gesehen. Sie können nicht sprechen vor Rührung. Er
ist da. Er lebt. Sie sind da, leben. Artur muß ihnen
alles erzählen. Sie hatten keinerlei Nachrichten von
draußen. Sie saßen allein, voller Sorge um sie. In der
Nacht kocht die Mutter Grütze. Brot hat sie keins. Sie
essen nur einmal am Tag, nachts. Was aus ihnen wird,
wissen sie nicht. Ob die Deutschen diese angeblich leeren Häuser säubern? Sie dürfen nicht an morgen denken. Heute leben sie noch.

Artur will nach Hause, in die Leszno-Straße zurück.
Unterwegs trifft er ein paar jüdische Polizisten, die er
kennt. Einer, der die Eltern einmal vor der Blockade
gerettet hat, ist verzweifelt. Es sieht so aus, als wollten
die Deutschen auch mit der jüdischen Polizei endgültig aufräumen. Aus dem Kessel in der Miła haben sie
nur zweihundert jüdische Polizisten herausgelassen, es
waren die, die der Gemeinde zugeteilt sind. Der Rest ist
im Kessel geblieben. Sie sollen zur Arbeit verschickt
werden. Kann man denen trauen? Was werden sie mit
den Frauen und Kindern tun? Jetzt glaubt den Deutschen niemand mehr.

Die Polizisten haben den Leuten etwas von Briefen erzählt, die von den Ausgesiedelten eingetroffen sind,
aber keiner hat diese Briefe gesehen. »Wir wollten das
glauben, weil es so für uns leichter war, bei der Aus-

siedlung mitzuhelfen. Wir wollten nicht das Bewußt-
sein haben, wir führen die Menschen in den Tod. Die
Deutschen haben die Alten umgebracht, weil wir glauben sollten, sie lassen die Jungen, die Arbeitsfähigen
am Leben. Hör zu!« Er beugt sich dicht zu Artur. »Wir
haben etwas geahnt, aber aus den Eisenbahnern war
nichts herauszukriegen. Wir wußten nicht, wohin sie
diese Menschen bringen. Konnten denn solche alten
Züge bis nach Bobruisk, nach Kiew fahren? Wir haben
uns die Nummern der abgehenden Waggons notiert.
Zwei Stunden später waren sie wieder zurück, diesel-
ben, leer. Wo haben sie diese riesige Menschenfracht
ausgeladen? Bei Warschau, bei Małkinia? Tausende
von Menschen, und keiner hat sie dort gesehen, hat etwas von ihnen gehört. Sie hätten eine ganze Armee
einsetzen müssen, um sie abzuknallen. Und wer hätte
die Leichen vergraben? Aus den Dörfern der Gegend
wären doch irgendwelche Nachrichten nach draußen
gedrungen. Und ob man in Warschau darüber geredet
hätte! Es steckt ein ungeheuerliches Geheimnis dahinter. Jemand hat den Namen Treblinka erwähnt. Du
fragst, und die Antwort ist Angst.«

»Ich habe gesehen, wie sie die Gruppen zum Abtransport aus dem Kessel in der Miła holten. Wie ein Affe
tanzte einer von der SS um die Leute herum und
drosch mit der Peitsche auf sie ein. Er kicherte teuflisch
und brüllte auf polnisch: Zu Seife, zu Seife, zu Seife, die
alle. Ich glaube nicht daran, daß noch Fabriken in Betrieb bleiben und Arbeiter beschäftigen. Die wollen
nichts weiter als vernichten und morden. Blindlings,
egal ob einer eine Arbeitserlaubnis hat. Ganze Scharen
von Arbeitern haben sie weggeschafft, ganze Werkstätten, die in Betrieb waren, manchmal zusammen
mit der Leitung. Alle haben sie sie in die Waggons
getrieben. Auch die Kranken aus den Spitälern haben

sie verladen. Man hat uns betrogen. Statt uns zu widersetzen, haben wir bei einem Verbrechen mitgeholfen.«

*

Wie das Ewa erzählen, die vor Angst um die Mutter fast den Verstand verliert? Auch Tadeusz kann man das nicht sagen, dem sie die ganze Familie fortgeholt haben. Er glaubt doch, daß zumindest seine drei jungen, kräftigen Brüder irgendwo in einem Lager arbeiten.

In der Fabrik haben sie einen Neuen. Er heißt Bigan. Keiner weiß etwas über ihn. Ewa fürchtet sich vor ihm. Sie kann den Blick seiner kohlschwarzen Augen nicht aushalten, in denen ein teuflisches Feuer glüht. Bigan redet mit niemandem. Bigan greift sich das Bügeleisen und hantiert erbittert damit, verbissen. Dann läßt er plötzlich die Arme sinken und setzt sich, einen seltsam abwesenden Ausdruck im Gesicht. Man muß auf ihn achtgeben, weil er vergißt, das Eisen aus der Steckdose zu ziehen. Er kann einen Brand verursachen. Er lacht nie über Bulkos Späße. Bulko aber sieht auf seine Füße, ob es nicht die Pferdefüße des Teufels sind. Und er tippt sich an die Stirn, weil der Neue nicht ganz richtig ist.

Es heißt, der Neue sei reich, er habe einen ganzen Koffer voller Gold und Edelsteine aufs Fabrikgelände mitgebracht. Niemand weiß, woher er kommt, wo er vorher gearbeitet hat. Angeblich hat man seine Frau und seine Tochter geholt. Als jemand eine Bemerkung darüber machte, ist er vom Tisch aufgestanden und hinausgegangen. Besser, man läßt ihn links liegen. Bulko pfeift einen Trauermarsch. Er intoniert ihn so, daß der Marsch sich fast anhört wie ein Hochzeitswalzer. Bigan fährt hoch wie ein Wahnsinniger. »Haben Sie mal einen Foxtrott auf einem Begräbnis gespielt? Und könnten Sie auf Ihrem Schifferklavier flotte Weisen spielen für Menschen, die in den Tod geführt werden? Na, reden Sie schon! Für nackte Todeskandidaten, könnten Sie da spielen?«

Alle stehen stumm und entgeistert da. Bulko läßt ratlos den Kopf sinken. Und plötzlich fängt Bigan an zu schreien: »Seht mich nicht so an!« Er bricht in das Kichern eines Wahnsinnigen aus. Er ist durchgedreht, halbverrückt. Sie haben ihn schon immer in Verdacht gehabt, daß er nicht ganz bei Verstand ist. Er kauft sich Schinkenbrötchen, beißt einmal davon ab und wirft sie in den Abfalleimer. Bulko hat eine gequälte Miene, wenn er das sieht. Weiße Brötchen mit Butter und rosa Schinken. Und er ist ständig hungrig und ißt dieses kleistrige Brot mit der Rübenmarmelade von der Zuteilung. Bigan bringt den Rechtsanwalt auf. »Es ist eine Sünde, das wegzuwerfen, mein Herr!« – »Sünde! Sünde!« brüllt Bigan. »Schließlich bin ich aus der Hölle zurück.« Und kein Wort mehr. Bestimmt haben sie seine Familie geholt, und die Verzweiflung hat ihm die Sinne verwirrt, versucht jemand eine Erklärung.

Aber Bigan ist kein schlechter Mensch. Er hat jemandem Geld geliehen. Wenn er der Hausmeistersfrau die gekochten Würstchen bezahlt, zählt er nie die Geldscheine ab. Er schmeißt sie wie einen Haufen Abfall auf den Tisch. Sobald die Rede auf die Abtransportierten kommt, verschwindet er. Er redet nicht mit seinen ehemaligen Bekannten, und sie wissen nur wenig über ihn. Er ist nie reich gewesen. Er hatte eine Frau und eine Tochter. Es war, als sei er schon in den ersten Tagen der Aktion umgekommen. Tadeusz fällt es noch am leichtesten, sich mit ihm zu verständigen. Er glaubt nicht, daß die Aussiedlung definitiv beendet ist. Er möchte auf die arische Seite, aber er spricht schlecht polnisch, und man erkennt ihn als Juden. Im übrigen hat er unter den Polen keine Bekannten.

*

Es herrscht etwas wie ein Waffenstillstand. Die Deutschen haben der Gemeinde aufgetragen, eine Einwohnerliste für das zentrale Ghetto zu erstellen. Amnestie für die »Wilden«. Die Gemeinde wird sich um Arbeit für sie bemühen. Sie sollen sogar ihre Namen für die Lebensmittelkarten angeben. Sie sollen nur kleinere Lebensmittelrationen bekommen als die, die arbeiten. Ein Spital ist aufgemacht worden. Die Deutschen haben befohlen, ein Internat für die verlassenen Kinder einzurichten. Manche bekommen sogar die Konzession für einen Lebensmittelladen, Friseursalon, für Fotoateliers, Schneiderwerkstätten.

Das zentrale Ghetto lebt auf. Die Menschen gehen auf die Straße. Der Handel kommt in Gang. In den Häusern eröffnen die Juden Werkstätten, private Brotbäckereien. Wieder werden Lebensmittel durch die Mauer ins Ghetto geschmuggelt und die unterschiedlichsten Waren auf die polnische Seite. Die Sachen, die die Abtransportierten zurückgelassen haben, werden an Polen verkauft, die sich ins Ghetto stehlen. Wieder tauchen Bettler in den Straßen auf. Es sind Jungen, aufgedunsen vom Hunger, die aus den Lagern um Warschau geflüchtet sind. Die jungen Frauen haben Schminke auf den Lippen. Die Männer halten nach einem Verdienst Ausschau. Die Lebenskraft eines geknechteten Volkes offenbart sich in der Zuversicht, daß der Alptraum vorüber ist. Der Pogrom ist erloschen. Jetzt wird es ruhig bleiben.

Zum zentralen Ghetto gehören jetzt nur noch ein paar Straßen. Die Arbeiter in den Blocks verständigen sich mit den Arbeitern der durch die Posten abgeschnittenen Fabriken über die Durchgänge auf den Dachböden. Man hat die Wände auf den Böden, die die Nachbarhäuser miteinander verbinden, herausgenommen. Über die Dachböden gelangt man von einer Fabrik zur andern. Auf die Art besuchen die Leute nach der Arbeit ihre Verwandten und Freunde. In Nalewki hat man die Kellermauern durchbrochen, so daß man sogar aus den abgeriegelten Fabriken außerhalb des zentralen Ghettos ins zentrale Ghetto kommt. Es ist gefährlich, auf Gendarmen oder SS zu stoßen, aber das Bedürfnis, seine Angehörigen zu sehen, ist stärker als die Angst. Das Leben im Ghetto erinnert wieder an jenes andere, das vor der Aktion.

Vor dem zentralen Ghetto stehen deutsche Wachposten. Die Arbeiter formieren sich in den Straßen zu Gruppen und betreten das Ghetto, als kämen sie von ihren Arbeitsstellen zurück. Die Deutschen merken das in der Regel nicht, aber wenn einer Schwierigkeiten macht – sammelt der jüdische Begleitpolizist von den Hineingehenden einen Tribut ein, der den Passierschein bestens ersetzt. Die Höfe in Nalewki sehen jetzt aus wie die Straßen in einer Kleinstadt. Wirklich, ein Blühen und Gedeihen – Läden, Hausierer, die etwas verkaufen. Alle Höfe sind sich zum Verwechseln ähnlich. Berge von weggeworfenen Möbeln, Stapel von unnützem Plunder, überschüttet mit Federn aus aufgeschlitzten Betten. Jeden Bekannten, den man trifft, begrüßt man freudig. Alle sind sie durch ein Wunder davongekommen. Alle herzlich miteinander verbunden.

*

Die Mutter wohnt bei den Schwiegereltern in Nalewki. Sie wird ihre Ödeme nicht los, die sie sich in der Miła geholt hat. Sie ist ergraut und sehr gealtert. Sie möchte natürlich in die Leszno-Straße zurück, zu den Kindern. Jetzt brauchen sie die Protektion der jüdischen Polizei oder der Leute vom deutschen Werkschutz nicht mehr. Man kann sie über die Dachböden und durch die Keller in die Leszno-Straße holen.

Wieder leben sie also mit der Mutter zusammen, so wie vor der Miła. Und wieder eine innere Blockade am »Versöhnungstag«. Die roten Nummern, die sie in der Miła bekommen haben, sollen gegen Blechnummern ausgetauscht werden. Und wieder holen sie Leute. Ewa leidet wieder Qualen. Die Mutter hat sich in der Wohnung versteckt. Die Deutschen suchen mit der jüdischen Polizei das Gelände ab. Wieder haben sie mehrere Stunden schrecklichster Unruhe hinter sich: Werden sie die Mutter finden? Aber die Mutter ist noch da. Und macht ihre Kinder glücklich. In letzter Minute ist sie, von einer plötzlichen Eingebung geführt, in den winzigen Schrank des Küchenbüfetts gekrochen. Niemand hätte geglaubt, dort könne sich auch nur ein Kind verkriechen. Sie haben die ganze Wohnung durchsucht. Sie haben sich von dem leeren, eingeschlagenen Versteck, das die Mutter in letzter Minute verlassen hat, täuschen lassen.

Wieder eine Nacht, die erfüllt ist vom Weinen derer, denen man die Angehörigen fortgeschleppt hat, und der Sorge jener, die nicht wissen, wohin sie gehen und was sie tun sollen. Jetzt will die Mutter doch nach Nalewki zurück. Diese Wahrheit ist ihnen endgültig aufgegangen: Traue den Deutschen nicht, versteck dich! Außer der weißen Binde mit dem blauen Stern Zions, die die Juden seit dem ersten Jahr der Besatzung am rechten

Arm tragen, heften sie sich jetzt ihre Blechnummern an den Mantel. Jeder Arbeiter, Polizist, Gemeindeangestellte hat seine Nummer.

Von der SS, die die Arbeitsstätten beaufsichtigt, kommen Nachrichten, daß es bis zum Januar ruhig sein wird. Es wird keine Aussiedlung geben. Es ist erst September. Zeit genug, um sich Sorgen zu machen. Und das bedrohte Leben fordert sein Recht. Die, die dem Tod ins Auge geblickt haben, genießen das Leben jetzt in vollen Zügen. Erbeutete Sachen gibt es die Fülle. Man verkauft die Kleider und die anderen Dinge, die die Weggeschleppten zurückgelassen haben, und für das Geld kauft man Lebensmittel, die von der arischen Seite hereingeschmuggelt werden. Witwer und einsame Frauen haben ihre Verzweiflung schon abgeschüttelt. Die Trauer ist allgemein. Doch allgemeines Unglück erträgt sich leichter. Die Liebe blüht, Paare finden sich zusammen – neue Ehemänner, neue Ehefrauen. Am schwersten fällt es den Müttern, den Verlust ihrer Kinder zu verwinden. Die während der Aussiedlung abgemagerten und verkümmerten Frauen kehren jetzt zu ihrer früheren Frisur und zu ihrem koketten Lächeln zurück.

*

Im Maschinensaal gibt es den Tisch der sogenannten Aleksandrów-Leute. Das sind qualifizierte Arbeiter, Strumpfwirker aus Aleksandrów bei Łódź. Sie wurden in den ersten Monaten der Besatzung von dort umgesiedelt. Sie genießen den besonderen Schutz von Schultz, dem Direktor, der auch aus Aleksandrów stammt. Er hat eine Vorliebe für sie. Der Deutsche unterhält sich auf jiddisch, mit deutschem Akzent, mit einem dunkelhäutigen Arbeiter, der aussieht wie ein spanischer Matador. Angeblich haben sie als Jungs zusammen Fußball gespielt. Die aus Aleksandrów sind unantastbar. Bei den Blockaden, in den ersten Tagen der Aktion, hat man ihre Familien aus den Häusern geholt. Als die K. G. Schultz entstand, wurden sie als Facharbeiter eingestellt.

Einer von ihnen, Farber, ist ein guter Mensch. Er hat das Kind eines Kollegen von der Miła in einem Koffer hergebracht. Er darf Schultz gegenübertreten. Und wenn er von so einem Gespräch zurückkommt, erzählt er, was der Deutsche gesagt hat: Arbeite ruhig, dir geschieht nichts, die Fabrik soll arbeiten und Socken für die deutsche Wehrmacht liefern. Alle begrüßen diese Worte freudig wie die Verheißung allgemeiner Sicherheit.

Die aus Aleksandrów bekommen eine besondere Lebensmittelzuteilung. Sie halten zusammen, wohnen zusammen. Der große Helmer, dem sie gleich zu Beginn der Aussiedlung Frau und Kind weggeholt haben, singt schwermütige jüdische Lieder. Die beiden Schwestern Frajdenrajch, nicht hübsch, aber heiter und strahlend, fühlen sich sicher in der Obhut ihres Deutschen. Abends, nach der Arbeit, kochen die Frauen, Farber stellt auf seiner Privatmaschine Socken her, und Helmer singt. Und wenn er nachts an seine Frau denkt, an seinen kleinen munteren Sohn, der Geige spielte, umfangen ihn die Arme eines Mädchens, und ihre zärtlichen Worte verscheuchen die Trauer.

Farber kümmert sich um eine junge Frau, die Witwe eines Polizisten, den sie in den ersten Tagen der Aktion geheiratet hatte und der erschossen wurde. Seit man ihre Eltern geholt hat, ist sie ganz allein. Sie ist zwanzig. Farber ist ein gutaussehender Mann, aber ein gewöhnlicher Arbeiter, und sie ein Mädchen aus gutem

Hause. Sie ist ihm dankbar, daß er ihr die Sonderzuteilung der Aleksandrów-Leute beschafft hat und mit ihr in die alte Wohnung gegangen ist, um ihre Sachen zu holen. Sie glaubt, er wird sie vor der Entlassung und der Verschickung bewahren. Farber bringt Rena das Trikotieren auf der Maschine bei, begleitet sie bis zu ihrem Zimmer, bringt ihr Äpfel und weiße Brötchen. Manchmal, wenn sie abends auf dem Hof spazierengehen, hakt er sich bei ihr ein. Er erzählt ihr von seiner Frau und der Tochter, die sie geholt haben. Sie erzählt von ihren Eltern und ihrem Mann, dem sie kaum Ehefrau war, weil er im Polizeiblock und sie auf dem Fabrikgelände wohnte. Wenn Rena ihn verführerisch anlächelt, sagt er: Meine Tochter war zwei Jahre jünger als du. Rena hat einen Beschützer, und die anderen Mädchen haben einen Geliebten. Rena wohnt mit der schwarzen Felka zusammen, die sie warnt: Du bindest dich an einen Simpel. Felka hat ihren Polizisten vom Werkschutz. Er hat eine Frau auf der arischen Seite und sagt: Wir wissen nicht, wieviel Zeit uns noch zum Leben bleibt, warum die letzten Augenblicke nicht nutzen?

So finden sich also die Jungs und die Mädchen an den Samstagabenden zusammen. Die Mädchen sorgen für Brot, die Jungs beschaffen den Wodka. Adaś Bulko spielt Tango und Foxtrott auf seinem Akkordeon. Sie müssen viel trinken, um richtig fröhlich zu werden, und wenn sie dann genügend getrunken haben, verschwinden sie paarweise in den Ecken der Wohnung.

*

In der Schneiderwerkstatt von Hoffman gibt es keine Arbeit. Hoffman, der deutsche Direktor, bemüht sich um alte Soldatenuniformen, die die Näherinnen ausbessern. Er will die Werkstatt halten. Die jüdischen

Leiter sagen, er ist ein anständiger, guter Kerl. Die Arbeiter sind ihm dankbar. Als es überraschend eine Blockade gab, hat er sie gewarnt und befohlen, die Kinder zu verstecken. Wenn sie ihn fragen, was werden soll, schweigt er bekümmert. »Ich weiß nicht, ob sie mir die Konzession für die Werkstatt verlängern«, sagt er. Die Worte lösen Panik unter den Arbeitern aus. Sie wissen, was das bedeutet. Die ständig reduzierten Beschäftigtenkontingente sind verlorene Menschenleben.

Die Gerüchte dringen von Hoffman aufs Gelände der anderen Fabriken. Wieder ergreift die Arbeiter Furcht. Also sind auch die Fabriken nicht sicher. Der Aussiedlungsstab, die Befehlstelle*, entscheidet über das Los der Fabriken. Entweder sie verlängern die Erlaubnis, oder sie ordnen eine Reduzierung der Arbeiter an, und man schickt sie auf den Umschlagplatz.

Die deutsche Direktion der K. G. Schultz nimmt Kontakt zur SS der Befehlstelle auf. Für das Geld, das unter den Juden gesammelt wurde, versprechen sie, die Fabrik zu schützen. Hoffmans Werkstatt wird aufgelöst. Was geschieht mit seinen Arbeitern? Wird man sie ins zentrale Ghetto gehen lassen? Wird man sie wegschaffen?

Es ist der 9. November 1942. Hoffman schickt seine Arbeiter weg. Die Leute begreifen nicht, warum. Es ist doch noch Arbeit da. Wird etwas passieren? Manche gehen ins zentrale Ghetto, in dem die »Wilden« ihre Verstecke haben. Andere beschließen, auf dem Fabrikgelände zu bleiben. Am Morgen fährt die SS auf Hoffmans Gelände vor. Sie nehmen die mit, die geblieben sind. Dann umzingeln sie das Gelände von Toebbens. Sie holen die Leute von den Maschinen weg. Die Arbeit

* so im Original (deutsch); auch im folgenden

steht still. Panik. Wie hier herauskommen? Wo unterkriechen? Der hinkende deutsche Direktor kommt in die Fabrik von Schultz. Die Arbeiter können ungestört weiterarbeiten. Das ist keine Aktion. Die SS aus Lublin ist zu Hoffman gekommen, um Schneider zu holen. Sie haben eine leere Werkstatt vorgefunden, so haben sie die Schneider von Toebbens geholt. Jetzt schicken sie ihnen die Maschinen nach. Die Episode ist beendet. Sollen sie das glauben? An die Arbeit zurückgehen?

*

Die Arbeiter, zu Grüppchen zusammengedrängt, beginnen nicht zu arbeiten. Sie wissen nicht ein noch aus. Was wird ihnen der Tag bringen? Schultz kommt. Ein Riese im hellen Flauschmantel. Er setzt den Hut nicht ab. Geht durch den Saal. Zuerst die Spuler, dann der Raum der Repassiererinnen und die Ecke der Former. Er spaziert zwischen den Tischen herum. Jetzt sind alle an ihren Plätzen. Sie arbeiten, sehen nicht auf. Nur ihre wildjagenden Herzen spüren seine Anwesenheit. Der Deutsche sagt nichts. Er schaut nur in die Runde. Die jüdischen Leiter wagen es nicht, ihn anzusprechen. Im zweiten Stock, im Maschinensaal, sagt Schultz in die angespannten Gesichter der Aleksandrów-Leute hinein: »Arbeitet ruhig weiter, euch geschieht nichts.« Und wieder die Dankbarkeit für den Deutschen. Und unten Angst. Beziehen sich diese Worte nicht auf unsere Abteilungen? Jetzt hat sich Schultz mit den jüdischen Leitern in einem Zimmer eingeschlossen – die Werkstätten in Lublin brauchen Schneider, sagt er. Man hat keine gefunden. Sie müssen die Zahl durch Leute von uns auffüllen. Sie fordern hundert Arbeiter. Der Deutsche verlangt zwanzig Namen. Den Rest holt er sich aus den Verstecken in den Wohnungen.

In den Wohnungen sind alte Mütter und Kinder ohne Nummer. Das mit den Schneidern ist Lüge! Line lehnt gefaßt ab. Er wird niemanden von seinen Leuten nennen. Er braucht alle Arbeiter, sagt er zu dem Deutschen. »Komm, Konar«, sagt Schultz zu Olek, »sonst streich ich sie selber.« In Oleks Augen liegen Trauer und Entsetzen. Er muß zwanzig Menschen auf sein Gewissen nehmen. Aber er denkt jetzt nicht an die, deren Leben er mit einem einzigen Federstrich auslöscht. Er denkt jetzt an die, die er retten will, die, die ihm nahestehen: seine Familie und die Freunde, die verloren sein könnten, wenn der Deutsche selber streicht.

Sie sitzen lange im Arbeitszimmer von Schultz. Nur zwanzig Menschen, und doch so schwer. Die ordentliche und reinliche Ajmanowa ist das erste Opfer. Sie ist alt und hat niemanden. Dann Łaja Rajs. Olek kennt sie nicht. Er erinnert sich nicht. Es ist kein Mensch, es sind nur Buchstaben. Dann die Rebowa. Sie ist seelisch gebrochen, arbeitet schlecht, hat keine Familie. Dann die Rzędowska. Sie haben ihren kleinen Sohn geholt. Sie ist ein Bild der Verzweiflung. Vielleicht ist es für sie schwerer zu leben als zu sterben?

Olek hält sich so lange mit der Liste auf, daß der Deutsche anfängt nervös zu werden. »Du – schwacher Mensch«, sagt der Deutsche und lächelt höhnisch, verächtlich. Da schließt Olek die Augen, macht eine Handbewegung. Ein roter Strich hat Elster ausgelöscht. Und nun löscht der Stift diejenigen aus, die um Elster trauern würden. Den Sohn und den Bruder. Und nun schon schneller, nicht nachdenken, nicht zögern. Poket. Noch ein Name. Łaja Perla Szulman oder Raisa Bolewska? Einsame Namen. Raisa Bolewska klingt hübscher. Und das Schicksal streicht das Leben der schwarzäugigen Polcia aus.

»Na, endlich«, sagt der Deutsche und nimmt die Liste entgegen. Eine Stunde ist vergangen. Der Deutsche war gnädig, er hat so lange gewartet. Er hat Konar die Entscheidung überlassen. Konar ist noch kleiner als sonst. Er hat trockene, rote Augen, ein blasses Gesicht. »Bring das in die Fabrik«, sagt der Deutsche. Aber Konar lehnt ab. Nein, er wird jetzt nicht dorthin gehen. Er will, er kann diese Leute nicht sehen.

Die Liste wandert in die Fabrik zurück. Die Polizei nimmt den Arbeitern die Schlüssel ab. Sie müssen alle Wohnungen durchsuchen, die Illegalen heraustreiben. Auf der Straße schon SS. Eda ist verzweifelt. In ihrer Wohnung ist die Mutter, die vor zwei Tagen auf Besuch zur Tochter gekommen ist. Sie arbeitet in einer anderen Fabrik. Wenn man sie dort findet, wird man sie mitnehmen. Eda rennt in die Wohnung. In ihrer Abwesenheit verliest Frenkiel aus der Spulerei die Liste. Die Arbeiter sitzen bleich da. Die Genannten müssen aufstehen und sich anziehen. Niemand rührt sich. Die Gesichter der Genannten grau. Elster ist rot. Sein Junge ist nicht da. Er ist in die Leszno, um die Suppe zu holen, zusammen mit den anderen.

Und plötzlich geht Poket, im Mantel, ohne Armbinde, die Aktentasche unterm Arm, durch die offene Tür nach draußen. Er überquert ruhig den Hof. Im Hut sieht er aus wie ein Pole. Er trägt den Kopf hoch erhoben. Die jüdischen Polizisten, die auf ein Opfer warten, treten vor ihm zur Seite. Polcia schreit: »Was soll ich tun?« Ihre große Schwester ist nicht da, sie ist die Mutter retten gegangen. »Lauf weg«, wirft jemand kurz hin. Polcia rennt wie eine Wahnsinnige auf den Dachboden. Die stille Ajmanowa zieht sich wortlos an. Sie wartet darauf, geholt zu werden. Die Elsters sind verschwunden. Die Rzędowska sitzt weiter an ihrem

Tisch. Sie bügelt. Ist nur noch bleicher als gewöhnlich. Die Frauen, die mit ihr zusammenarbeiten, haben sie verlassen. Sie können ihr nicht in die Augen sehen.

Eda ist in der Zentrale, im Arrest, wo sich ihre Mutter befindet. Man hat sie aus Edas Wohnung gezerrt. Eda fleht Konar an, ihr zu helfen. Den Polizisten bietet sie Geld an. Es ist ein Irrtum, ihre Mutter gehört doch nicht in ihre Fabrik. Konar ist ratlos. Er möchte ihr helfen. Er mag diese gebildete Frau. Sie weiß noch nicht, daß er gerade ihre Schwester zum Tode verurteilt hat. Und er weiß nicht, daß Łaja Szulman die Schwester von Eda ist, die durch ihren Mann einen anderen Namen hat.

In der Fabrik ein Riesenkrach. Line hat die Tür nicht abgeschlossen und den Gestrichenen ermöglicht, unterzutauchen. Fast alle sind geflohen. Wenn sie sie nicht finden, muß sich Line dafür verantworten. Sie schicken ihn auf den Transport. Line schweigt. Junge Burschen mit den Gesichtern von Gaunern stehen um ihn herum. Sie befehlen ihm, sich anzuziehen und mitzukommen.

Lines Tochter bricht in lautes Weinen aus. Sie wird mit dem Vater gehen. Unter den Arbeitern ein Raunen. Sie mögen und achten Line sehr für seinen Edelmut ihnen gegenüber und für seine würdevolle Haltung. Line geht wortlos hinaus, nur ein wenig blasser als sonst, aber ruhig. Seine sechzehnjährige Tochter läuft ihm nach. »Bleib du«, schreit er, »du mußt leben!«

Große Aufregung unter den Arbeitern. Farber von den Aleksandrów-Leuten sagt kurz: »Wir gehen mit Line, wir müssen ihn retten, er hat soviel für uns getan.« Die

Männer sammeln sich vor dem Ausgang. Die Frauen ziehen die Mäntel an. Wenig später kommt Line zurück. Er ist bleich, und erst jetzt sehr erschüttert. Seine Tochter lacht vor Glück. Sie haben ihn in letzter Minute laufenlassen. Die Arbeiter atmen erleichtert auf.

Die schwarze Polcia liegt unter einem Stapel Socken versteckt. Wo ist die Mutter? Wo die Schwester? Plötzlich hört sie, daß die Arbeiter alle Line hinterherwollen, daß Line mit seinem Kopf für die bezahlen soll, denen er die Flucht ermöglicht hat. Ihre Nerven halten das nicht aus. Sie schleudert die Zudecke aus Socken von sich und läuft geradewegs der jüdischen Polizei und den polnischen Angestellten der K. G. Schultz in die Arme. Sie haben Befehl, die Gestrichenen in den Arrest zu bringen. In der Zwischenzeit haben sie die Elsters gefunden, die sich auf dem Dachboden versteckt hatten – Vater und Sohn. Die Polizisten haben zwei Maschinenarbeiterinnen geschnappt. Sie standen gar nicht auf der Liste. Man hat die Rzędowska geholt, die die ganze Zeit an ihrem Platz saß. Sie haben schon eine Gruppe zusammen und führen sie in die Zentrale, in den Arrest ab.

Schultz ist wütend. Statt zwanzig haben sie sieben Leute abgeliefert. Sabotieren sie seine Anordnungen? Er wird den Juden schon beibringen, wer der Herr in der Fabrik ist. Um vier Uhr nachmittags, als von allen schon die Zuversicht Besitz ergreift, daß sie den heutigen Tag überstanden haben, wird das Fabriktor umstellt. Den Saal betritt der hinkende SS-Mann Michael, einer der Fabrikdirektoren. Er ist in Begleitung der polnischen Direktion. Er bleibt in der Spulerei stehen, wo Artur arbeitet.

Bei dem Geräusch der aufgehenden Tür hebt Artur den Kopf. Der Deutsche zeigt mit dem Finger auf ihn. Artur begreift nicht. Er geht ruhig zu dem Deutschen. Er ist Textilingenieur, und die Fabrik hat ihn schon manchmal in Fachfragen zu Rate gezogen. Der Deutsche befiehlt ihm, sich anzuziehen. Jetzt weiß Artur Bescheid. Wortlos zieht er den Mantel an. Er ist bleich. Die Mütze behält er in der Hand. Das erste Opfer wartet jetzt in dem Durchgangssaal auf sein Schicksal, dort, wo die Frauen arbeiten. Er sagt halblaut: »Nicht aufsehen, das war mein Unglück.« Der Deutsche befiehlt Frenkiel, auf Artur aufzupassen. »Wenn er flieht, gehen Sie mit.« Frenkiel ist wie vor den Kopf geschlagen. Er mag und schätzt Artur. »Herr Direktor«, sagt er, »das ist mein bester Arbeiter, ich gebe Ihnen zwei Frauen für ihn.« Er will ihm die schwangere Genda und die schwächliche Andowa geben. Nein. Der Deutsche geht nicht darauf ein.

Jetzt sucht er im Frauensaal. Er weist auf Zofia, Stanisławs Frau. Zofia läuft zu ihrem Mann. »Staś, was soll ich tun?« – »Ist das der Mann?« fragt der Deutsche zuckersüß, »der geht auch mit.« Die Schwester springt auf. Sie auch. Die ganze Familie. Jetzt steht der Deutsche am Tisch der Former. Er zeigt mit dem Finger auf Graf. Ein Aufschrei der Tochter. Sie und seine Frau. Jetzt hat er zu einem Arbeiter hingesehen. Der alte Arbeiter steht von seinem Platz auf und kriecht hinterm Rücken des Deutschen unter den Tisch, an dem der Rothaarige arbeitet. Dessen rotes Gesicht wird aschfahl. »Hier hat sich einer versteckt«, sagt er auf polnisch. Der Deutsche versteht nicht. Der Rothaarige deutet in eine Richtung, dort sitzt eine Frau mit Brille. Es ist die Frau des Maschinenmeisters. Die Kinder arbeiten an den Maschinen. Sie gehen alle mit. Jetzt fällt sein Blick auf das entzückende Gesicht einer jungen

Frau. Das Kind dieser Frau, die selbst noch aussieht wie ein Mädchen, ist unterm Tisch versteckt.

*

In dem Moment hört Ewa: Sie haben Artur mitgenommen. Sie fährt schreiend hoch. Sie sieht ihn vor sich, gefaßt und bleich. Line! Wo ist Line? Er wird helfen. Aber Line bettelt schon selber um Artur. Der Deutsche bleibt ungerührt. Was tun? Was tun? Sie wird selbst zu Schultz gehen. Aber die Frau des Rothaarigen fleht Schultz schon an, ihren eigenen Mann freizulassen. »Du kannst mit ihm zusammen gehen«, sagt der Deutsche gnädig. Und sie geht. Ewa tritt vor den Deutschen. Sie hat nicht gelernt zu bitten. Sie sagt: »Mein Mann ist Textilingenieur, ein Fachmann ...« – »Scher dich weg!« brüllt der Deutsche. Sie geht nicht. Er muß ihn freistellen. »Weg!« Der Deutsche greift nach einem Stück Ziegel. »Weg hier!« Und wenn er sie totschlägt, sie wird nicht gehen. Der Ziegel zersplittert zu ihren Füßen. Sie führen Artur hinaus. Ihr bleibt noch die Hoffnung, daß Konar, der in der Zentrale ist, ihn freibekommt.

Im Hof stößt der jüdische Polizist Perlmuter Artur ins Treppenhaus. »Lauf!« Artur will wegrennen, aber ein anderer Polizist, der den Kordon zusammenhält, sagt auf jiddisch: »Und wo bleib ich?« – »Du gehst nicht leer aus, laß mich los!« Zu spät. Sie führen die Gruppe schon ab. Artur befindet sich jetzt mit den anderen, die sie geholt haben, im Polizeiarrest, in der Zentrale. Sie werden streng bewacht von der jüdischen Polizei. Ewa rennt dorthin. Es ist stockdunkel. Keine Menschenseele auf der Straße. Sie muß noch ihren Cousin Konar finden. Er hat Einfluß, er ist ein Schulkamerad von Schultz. Er muß Artur retten. Sie findet ihn. »Olek, rette uns!« Im Hof stehen die beiden deutschen Direktoren, die polnische Direktion, der Gestapomann Gecel, jüdische Polizei.

Konar tritt vor Schultz hin. Er soll Lewin freilassen. Er ist mein Cousin und mein Freund. Ich bitte nur um ihn. Ewa steht daneben und sieht, wie Olek die Tränen aus den Augen schießen. Umsonst. Unterdessen fährt ein Lastwagen in den Hof ein. Um Menschen für den Umschlagplatz zu holen. Sie laden die Verurteilten auf. Artur geht beiseite, aber er wird zurückgeholt. Verzweifelte Schreie. Die Leute wollen sich nicht verladen lassen. Sie versuchen, abzuspringen. Die jüdische Polizei drischt mit Knüppeln auf sie ein. Ukrainer kommen. Ewa sieht Arme, die sich aus dem Wagen recken, und einen Kopf, der ins Leere schreit: »Ich bin Meister an der Maschine!« Sie fahren ab. Gleich wird der nächste Wagen vorfahren. Artur ist noch da. Konar verabredet mit den polnischen Arbeitern, daß sie Artur herunterziehen, sobald der Wagen draußen auf der Straße ist.

Ewa wagt sich noch einmal an den hinkenden SS-Mann heran. Wieder fleht sie ihn an. »Sie haben auch ein Kind«. Der Deutsche wendet sich ab. Sein Gesicht ist verschlossen. Er wehrt sich gegen sie, wortlos. Dabei könnte er doch schießen oder befehlen, sie mitzunehmen. Ewa rennt verzweifelt um ihn herum. Kein Wort. Es ist schon ganz dunkel. Ewa sieht zu der kleinen Glühbirne im Hoftor, die nur ein schwaches Licht wirft. Das Licht löschen, einen Stein schleudern. Er muß fliehen!

Vor dem Arrest steht der Polizist Perlmuter Wache. Er läßt Ewa hinein, damit sie sich endgültig verabschieden kann. Artur ist resigniert. Ewa sagt zu ihm:

»Graczyk, dieser polnische Arbeiter, wird dir helfen. Du springst vom Wagen ...« Sie gibt ihm die Hand wie einem Fremden. Aber er läßt sie nicht los, zieht sie mit sich. Perlmuter öffnet die Tür. Ewa hält noch immer Arturs Hand in der ihren. Sie fliehen. Das hätte nicht gelingen können, hätte Perlmuter Artur nicht helfen wollen. Sie stürzen in den Hof. Artur ins Treppenhaus, Ewa geradeaus weiter. Sollen sie ihr hinterherjagen, ihrem hellen Mantel, der im Dunkeln zu sehen ist. Ewa wartet am Treppenaufgang. Jetzt stehen sie beieinander.

Michael, der hinkende SS-Mann, kommt gerade vom Vernichtungskommando in den Arrest zurück. Er steht mitten unter den Leuten, die auf ihren Abtransport warten. Er hat sie dazu verurteilt. Jetzt lacht er wie über einen guten Witz. »Ihr könnt nach Hause gehen. Die anderen vom Umschlag kommen auch zurück. Die Befehlstelle braucht keine Leute mehr. Die Züge nach Lublin sind weg.« Große Freude. Sie entlassen die Leute aus dem Arrest. Allmählich leert sich der Hof.

Trotzdem geht dort noch was vor. Geheimnisvolle Gestalten fallen Ewa und Artur auf. Das sind die reicheren Juden, die Leiter mit ihren Familien. Sie wollen auf die arische Seite flüchten. Dieser Tag hat sie gelehrt, daß nicht einmal ihre nächsten Angehörigen sicher sind. Protektion hilft nicht mehr. Der Pole Graczyk wendet sich an Artur: »Wollen Sie hier raus? Der Posten ist bestochen. Gleich geht dort drüben eine Gruppe durch, die Leiter mit ihren Familien. Gehen Sie mit uns.« Artur zögert, aber Ewa besteht darauf. Er soll gehen. Hier ist es nicht mehr sicher. Ewa umarmt und küßt ihren Mann. Geh! Geh! Wir kommen nach.

Die Gruppe hat sich schon formiert. Sie haben Rucksäcke, Gepäck. Artur geht, wie er ist. Er wird zu Zofia gehen, die die Sachen für die Kinder hinübergebracht hat. Sie kann ihm auf der arischen Seite helfen. Das Tor öffnet sich lautlos. Keine Zeit mehr zu überlegen. Er ist weg. Und jetzt ist Ewa von ihren Angehörigen und ihren Freunden umgeben. Sie ist wie betrunken. Ein grauenhafter Tag. Sie ist glücklich, daß Artur draußen ist, und stolz, daß sie die Kraft hatte, so um sein Leben zu kämpfen.

*

Eda hat um das Leben ihrer Mutter und ihrer Schwester gekämpft. Sie hat nicht gesiegt. Beide sind zum Zug transportiert worden. Eda liegt im Mantel auf dem Bett. Sie hält sich die Ohren zu. »Sprecht nicht mit mir, sprecht nicht, laßt mich allein.« Die letzte Hoffnung, daß die Arbeit sie retten wird, ist dahin. Jetzt können die Deutschen noch soviel versprechen, sie glauben ihnen nicht mehr. Fast alle jüdischen Leiter der K. G. Schultz sind geflohen.

Als sie am Morgen aus der Leszno-Straße, wo sie kaserniert sind, mit der Gruppe in die Ogrodowa aufbrechen, schließen sich ihnen Leute mit Bündeln an. Sie sind auf der Flucht. Michael, der deutsche Leiter und SS-Mann, hat Wort gehalten – er hat die Leute vom Umschlagplatz zurückgeholt. Unter den Arbeitern Verbitterung und Sorge. Die jüdischen Leiter haben die Fabrik verlassen. Nur Konar und Line sind geblieben. Sie versuchen, die Arbeiter zu beruhigen – wir sind bei euch. Aber die Arbeiter gehen nicht an die Arbeit. Sie sitzen an ihren Maschinen und Tischen: die Bügeleisen ausgeschaltet, die Hände ruhen.

Thema nicht enden wollender Gespräche ist der gestrige Tag. Den alten Szapiro haben sie mitgenommen, die ganze Familie Radziejewski – ihr Neffe ist freiwillig mitgegangen. Die Frau des Rothaarigen ist ihrem Mann still gefolgt, wie zu einem Spaziergang. Aber nun sind sie wieder in der Fabrik. Sie waren in der Gruppe, die nicht mehr mit dem Zug weggekommen ist. Der Rothaarige baut sich ein Versteck neben seinem Arbeitsplatz. Am schlauesten haben es die gemacht, die sich versteckt haben. Der Dirigent hat sich, gleich als Michael die Fabrik betrat, auf dem Klo versteckt. Bigan saß die ganze Zeit unterm Tisch. Der Chinese ist unter die Bank gekrochen. Eine von den herausgegriffenen Frauen hat sich einfach an einen anderen Tisch gesetzt. Im Hof hat ein polnischer Direktor die halbwahnsinnige Rebowa freigelassen, von der er persönlich Geld genommen hatte, damit sie sie in die K. G. Schultz aufnehmen. Auch die Nowicka hat er freigelassen, deren Mann Offizier in der polnischen Armee war, und die Schwester des Formers Stanisław, für ihr hübsches Gesicht.

In der Fabrik sind Poket und der Bruder von Elster. Man hat sie von der Liste gestrichen, aber sie wissen nicht, wo sie bleiben sollen. Denen, die Michael gestern vom Umschlag zurückgebracht hat, geben sie die Arbeitserlaubnis zurück. Aber keiner weiß mehr, ob die Fabrik sie retten wird. Im zentralen Ghetto herrscht Ruhe. Die »Wilden« haben ihre Verstecke, und man kann dort was verdienen. Es setzt ein Drang ins zentrale Ghetto ein.

Aber vielleicht, denken manche, war der 11. November nur ein Ausrutscher. Michael hat die Leute schließlich vom Umschlag zurückgeholt, und vielleicht können sie nun in Ruhe arbeiten? Was bleibt ihnen im übrigen auch anderes, als zu glauben. Unmöglich, in dauernder Angst zu leben. Nur wissen sie jetzt, daß man die Juden in den Tod fährt. Sie flüchten unter den Kugeln der Deutschen aus den Kolonnen, springen von den Zügen ... Vielleicht haben sie ja Glück? Was tut es, wenn sie unter die Räder kommen, wenn sie sich verletzen, wenn ihnen auf der polnischen Seite ein deutscher Gendarm auflauert, ein polnischer Polizist und die polnischen Spitzel. Das ist kein Risiko. Das Schlimmste ist der Tod in Treblinka. Jetzt wissen inzwischen alle von Treblinka. Dort kochen sie die Menschen bei lebendigem Leibe. Sie wissen inzwischen, daß Bigan aus Treblinka geflüchtet ist.

*

Einmal hat er alles Tadeusz erzählt. Er ist schwach geworden, er konnte die grausigen Erinnerungen nicht länger mit sich herumtragen. Er wußte nicht, daß man die Familie von Tadeusz geholt hat, vielleicht hatte er es auch vergessen. Jetzt geht Tadeusz wie im Wahn umher. Er ist sicher, daß auch er umkommen wird. Er wiederholt es in einem fort. Vielleicht verspürt er bei dem Gedanken, daß er alle die Folterqualen durchmachen wird, die die ihm liebsten Menschen ertragen mußten, Erleichterung?

Am Abend sitzen der schwarze Bigan und Tadeusz zusammen, und Bigan stößt hervor: »Nein, ich will nicht leben, ich will den Krieg überleben, ihre Niederlage will ich miterleben. Und dann, wenn der Tag kommt, werde ich mich rächen, mich rächen.« Diese Worte spricht er deutlich aus, er berauscht sich an ihnen. Er schlingt die Hände ineinander wie zum Würgegriff. Er wird Hallen bauen, wie es sie dort in Treblinka gab. Alles wird modern sein: die Kessel, die mit Strom angeheizt werden, darin Dampf – Gas, der Fußboden beweglich und abschüssig. »Dort treib ich die Deutschen hinein, alle nackt. Viele, viele Deutsche, damit jeder Winkel ausgenutzt ist, jeder Zentimeter.« Und aus den Kesseln wird der Gasdampf durch Rohre geleitet, die Kessel sind rot, und der Dampf ... ein höllisches Siedebad. Vier Minuten genügen, dann geht die Bodenklappe automatisch herunter, und die schleimige Masse aus roten, gekrümmten Leibern fließt ab in die Senkgruben. Und Schluß, nur noch die Gruben mit Chlor zugeschüttet, und keine Spur mehr von dem, was mal gelebt hat. »Das alles dauert nur sieben Minuten, verstehst du?« Und Bigan bricht in ein Gelächter aus. »Wenn du gesehen hättest, wie die ersten ankamen, die nicht wußten, was sie erwartet, mit einer Menge Päckchen, Köfferchen. Man bat sie höflich, sich auszuziehen. Getrennt die Männer, und getrennt die Frauen mit den Kindern. Ein SS-Offizier hielt eine schöne Rede. Das Geld, den Schmuck sollen sie ruhig gegen Quittung hinterlegen, die Kleidung wird zur Desinfektion eingesammelt, sie selbst gehen ins Bad zum Duschen, damit sie sauber nach Osten weiterfahren können, in die Arbeitslager. Das ist nur ein Bad gegen die Seuchengefahr, damit sie nicht gleich den Typhus aus dem Ghetto an ihren neuen Aufenthaltsort mitschleppen. Wenn sie das Bad betraten, spielte eine flotte Musik für sie, bester Warschauer Jazz. Die Musikanten fischten sie aus den zur Vernichtung Bestimmten heraus. Die waren mit ihren Instrumenten in die Verbannung gefahren. Willst du mehr hören?« brüllt Bigan. »Ich selber hab meine Frau und meine Tochter in den Tod geführt.«

Und er beginnt von vorn, wie sie ihn aus dem Warschauer Ghetto geschafft haben in den ersten Tagen der Aktion. In Treblinka, hinter den Drahtverhauen, wurden die Menschen ausgesondert. Ihn und noch ein paar wählten sie für den Hilfsdienst aus. Ihre Arbeit bestand darin, Tausende, Hunderttausende, ganze Berge von Kleidern und Sachen der Ermordeten zu sortieren und auf Züge zu verladen. In Lublin wurden die Kleider gereinigt und die Sachen geordnet, danach wurden sie nach Deutschland geschickt, ins Reich. Goebbels persönlich hat die Kleider der ermordeten Juden an die Opfer der Bombenangriffe verteilen lassen. Als er ein paar Tage so gearbeitet hatte, wie in Trance, weil es immer mehr und mehr Kleider wurden, sah er in einem Transport, der morgens eintraf, seine Frau und seine Tochter. Er warf sich einem Deutschen zu Füßen. Dieser Deutsche kannte ihn, er betrug sich ziemlich anständig dem Hilfspersonal gegenüber. Bigan wälzte sich zu seinen Füßen und flehte. Der Deutsche gab ihm einen Tritt. Als er zu ihnen zurückkam, machtlos, waren sie schon ausgezogen. Und da umschlang seine Tochter seinen Hals, küßte ihn und sagte still: Es hilft nichts, Papa. Sie wußte, daß sie sterben würde. Von seiner Frau hat er sich nicht verabschiedet. Sie sagte etwas zu ihm, aber er verstand nicht, was. Er ging ihnen nach, wie hypnotisiert. Er begleitete sie bis an die Pforte des Todes. »Willst du wissen, was weiter passierte? Danach hatte ich nur noch den einen Gedanken: Weg von hier, fliehen. Ich fühlte, ich verliere den Verstand, ich begreife gar nichts mehr. Als wir die Kleider in die Waggons luden, stieg ich mit ein, unter die Sachen. Ich sprang ab, als der Zug schon in Fahrt war.«

*

Die Juden wissen schon von Treblinka. Aber nicht alle glauben es. Der alte Szapiro meint, Bigan sei gemütskrank, er habe Halluzinationen. Die Radziejewskis glauben, ihre schöne fünfzehnjährige Tochter arbeite in Baracken im Osten, und die Małamedowa ist sicher, ihr kleines Töchterchen werde den Krieg irgendwo in Rußland überleben, in einem Kinderheim, selbst mit nur einer Suppe am Tag. Ein Brief von einem Arbeiter aus Lublin ist eingetroffen. Es ist einer von den am 11. November Ausgesiedelten. Er erwähnt nichts von seiner Frau. Um sich nicht der Verzweiflung hinzugeben, glaubt man also, sie haben nicht alle ermordet. Poket hat einen Brief von seinem Schwiegersohn aus Frankreich erhalten. Seine Frau sei nach Polen gereist, auf das Gut Treblinka, er wird ihr freiwillig nachreisen. Poket ist wahnsinnig vor Verzweiflung. Also auch dort, in Frankreich, gibt es Aussiedlungen.

Auf dem Gelände einer anderen Fabrik gibt es auch jemanden, der aus Treblinka geflohen ist. Jetzt reden auch die Arbeiter schon darüber. Es sind Juden aus Belgien, Holland in Treblinka eingetroffen. Sie waren so vertrauensselig. Sie haben ihre geliebten Hunde, die Vögel im Käfig mit auf die Reise genommen. Die Deutschen haben ihre Juden, die ihnen zu Diensten sind. Sie wissen, daß die Juden die Wahrheit kennen, deshalb setzen sie jetzt in Umlauf, Treblinka sei aufgelöst worden.

Es gibt Arbeitslager in Lublin, Trawniki und Poniatów. Es gibt Flüchtlinge aus Lublin. Das ist schlimmer als Treblinka. Treblinka bedeutet den sofortigen Tod, die Arbeitslager ein langsames Sterben. Es sind nicht einmal Straflager, es sind Stätten, wo sie Menschen zugrunde richten. Man lebt dort in Hunger und Dreck, und man stirbt unter Folter und Kugeln.

Wieder arbeiten sie. Es kann doch nicht anders sein. Die deutschen Direktoren der Firma stellen neue Arbeiter ein. Sie sind etwa achthundert. Das ist die Zahl, die bei der Aussonderung in der Miła festgesetzt wurde. Von denen, die am 11. November geholt wurden, sind welche vom Umschlag zurück. Nicht alle. Ein Teil ist nach Lublin gekommen. Auf dem Umschlag sind noch Leute, die auf den Abtransport warten. Aber es sind keine Züge da. Es wird keine Züge mehr geben. »Am 11. November war doch keine Aussiedlung«, erklären die Deutschen. Die Leute müssen freigelassen, der Umschlag aufgelöst werden.

*

Die Spulerin Genia ist vom Umschlag in die Fabrik zurückgekehrt. Jetzt erzählt sie Ewa. Sie war sechs Wochen dort. Sie hat in dem großen Stationsgebäude gewohnt. Man hatte sie am »Versöhnungstag« geholt, zusammen mit den Kindern. Damals, als die Blechnummern ausgeteilt wurden. Sie wollten ihr eine Nummer geben, aber ohne die Kinder, da hat sie abgelehnt. Unterwegs zum Umschlag hatte sie sich damit abgefunden, mit ihnen zusammen zu sterben. Zu schwer, noch länger weiterzukämpfen. Aber als sie auf dem Umschlag ankamen, beschloß sie, nicht aufzugeben. Als die Viehwaggons einfuhren, ein langer Zug, und sie die Leute in die Wagen stießen, versteckte sie sich mit den Kindern in einem kaputten Klosett. Sie mußte die beiden die ganze Zeit hochhalten, weil ihr der Unrat bis an die Knie reichte. Die Kinder erstickten fast an den Gasen, aber sie hielt vier Stunden so mit ihnen durch – bis der letzte Zug abging. Sie dachte, sie würden ihr ganzes Leben nach Scheiße stinken. Sie blieb auf dem Umschlag. Sie war nicht allein, es waren noch andere da, die sich dort versteckt gehalten hatten.

Sie wurden alle aufgesammelt und in einen Saal getrieben. Einen großen, verdreckten Saal. Kein Schemel, kein einziges Möbelstück. Sie saßen auf dem Fußboden, schliefen auf dem Fußboden. Keine Schüssel zum Waschen, kein Klo, sie machten in die Ecken. Jüdische Polizei bewachte sie. Über sie konnte man Brot kaufen, ein Töpfchen Wasser bekommen, nichts Warmes. Erst nach drei Wochen schickte die Gemeinde Suppe. Einmal am Tag wurden an der Tür Graupen an sie ausgegeben. Genia hatte keinen Topf. Sie mußte warten, bis ihr jemand irgendein Gefäß lieh. Sie aß die Suppe dann kalt. Die Kinder waren hungrig und ungeduldig. Dann ging sie an die Tür, streckte die schmutzigen Hände durch, sie gossen ihr die Suppe hinein, und die Kinder leckten sie ihr von den triefenden Fingern. Den Jungen stillte sie immer noch, aber das größere Mädchen konnte nicht mehr saugen. Im übrigen waren ihre Brüste sowieso leer. Die Gemeinde hatte sie vergessen. Sie behandelte sie wie Todeskandidaten, die ohnehin abtransportiert würden, sobald die Züge einliefen. Aber die Züge trafen und trafen nicht ein. Es war kein Lokomotivpfiff zu hören.

Inzwischen wurde der Gestank in dem Saal mit den hungrigen und schmutzigen Menschen immer entsetzlicher. Und die Kinder, vom Hunger erschöpft, baten gar nicht mehr um Essen, sie hörten sogar auf, laut zu weinen, sie lagen da wie tot. Genia ergatterte irgendwo Tonbecher und träufelte den Kindern die Suppe ein. Sie machten unter sich, die kleinen Körper waren entzündet. Wenn sie einschliefen, und sie schliefen jetzt dauernd, befühlte sie sie, ob sie noch lebten. Sie wünschte sich schon, daß der Zug doch käme, damit diese Qual endlich zu Ende wäre. Dort herauszukommen, war unmöglich. Es gelang nur denen, um die sich jemand von draußen bemühte. Keiner dort hatte noch genug Geld. Man brauchte Tausende, für Hunderter konnte man lediglich Lebensmittel kaufen. Die Zahl der Opfer auf dem Umschlagplatz mußte stimmen.

Wenn ein Gefangener freigekauft worden war, fing die jüdische Polizei in den Straßen im zentralen Ghetto irgendeinen vor Angst wahnsinnigen Menschen ein und füllte die Zahl wieder auf.

Die Aktion fand ja nicht statt. Worauf also warteten die armen Verdammten auf dem Umschlagplatz? Auf den Hungertod im Unrat? Genia flehte die jüdischen Polizisten nach ein paar Stoffetzen an, um sie den Kindern unterzulegen. Sie mußte sie schlagen, damit sie nicht unter sich machten. Es kam der 10. und der 11. November. Wieder trafen Züge ein und gingen Züge ab. Und da begannen alle, mit denen Genia zusammen war und die Tag für Tag gesagt hatten, sie könnten es nicht länger aushalten, lieber würden sie sterben, um ihr Leben zu beten. Die Züge gingen ab, und sie hatte man vergessen.

Am 11. November brachte man die Leute von der K. G. Schultz auf den Umschlagplatz. Sie kamen zu spät zum Transport. Sie waren allesamt sauber und satt. Sie wollten nicht in dieses schwärende Elend. Sie standen eine ganze Nacht im Gang. Anderntags mittags kam der hinkende SS-Mann Michael mit einem deutschen Juden, dem Gestapomann Gecel, und holte sie. Genia hörte Lärm auf dem Flur. Sie erkannte den Deutschen und Gecel. Sie sah, daß sie die Arbeiter der K. G. Schultz zurückholten, und sie fing an zu schreien: »Ich bin Arbeiterin bei Schultz. Nehmt mich mit!« Und sie nahmen sie mit, zusammen mit ihren stinkenden Kindern. War sie wirklich nach Hause gekommen aus dieser eiternden und faulenden Hölle? Zum ersten Mal brach sie in Tränen aus.

*

Die vom Umschlagplatz Zurückgekommenen haben große Angst. Der Rothaarige trägt ein Stemmeisen und eine Blechschere mit sich herum. Wenn sie ihn unverhofft holen, wird er die Gitterfenster im Zug aufschneiden. Stanisław ist nicht mehr elegant. Seit jener Nacht, die er auf dem Umschlag zugebracht hat, ist er weiß und gealtert. In seinen runden Augen ist die Angst eines gehetzten Tieres, seine Mundwinkel hängen herab. Er sieht aus wie ein Jude, ein bekümmerter, unglücklicher Jude. Nie zuvor ist er ein jüdischer Typ gewesen. Man hätte ihn getrost der nordischen Rasse zurechnen können.

Stanisław zieht bei der Arbeit sein Jackett nicht mehr aus, er zieht nicht die Hosen herauf, wenn er sich setzt; die Hosen haben keine Bügelfalten mehr. Seine Frau wirkt jünger als er. Wenn sie sich nicht mit ihm an den Mittagstisch setzt, vergißt er das Essen. Sie versucht, Verbindung zur arischen Seite aufzunehmen, sie gibt ihm Halt.

Graf, der stolze »Herr Gutsbesitzer«, versucht nicht mehr, mit Bulko in der Arbeit mitzuhalten. Er sitzt am Tisch, und er stützt den schweren Kopf in die Hände, er sieht aus, als wäre er betrunken. Bulko bringt die Kollegen nicht mehr zum Lachen, scherzt nicht mehr. Mitunter lächelt er nur traurig, hilflos, und fragt: »Müssen wir sterben? Sind wir eine schlechte Rasse?«

Aber kann man denn überhaupt von Rasse sprechen? Bigan sieht ja aus wie der Teufel auf den Stichen in den Märchenbüchern. Marysia Beznazwiska sieht aus wie eine typische Polin. Das Kind der Szalits hat das Gesicht eines Engelchens auf einem Heiligenbildchen. Der junge Elster ist schön wie ein kleiner Lord. Jasia, die ohnmächtig wurde, als man ihn holte, hat helleres Haar und blauere Augen als alle Mädchen in Skandinavien zusammengenommen. »Haben die Juden vielleicht einen anderen Charakter?« Bulko philosophiert.

Die Mehrzahl der vermögenderen Leute der K. G. Schultz hat bereits Wohnung auf der arischen Seite. Sie glauben nicht, daß die Fabrik gehalten wird. Warum gibt es in der Fabrik keine Rohstoffe? Werden sie so lange arbeiten, bis die Wollreste verarbeitet sind? Die deutschen Direktoren beschwichtigen sie, sie sagen, sie hätten schon die Frachtbriefe für Wolle. Und ihre Arbeit würde gebraucht für die deutsche Großmacht. Sie stellen neue Arbeiter ein, aber sie bezahlen sie nicht. Es ist eine Nachtschicht eingeführt worden. Die Produktion ist notwendig. Sie arbeiten jetzt mehr als zehn Stunden pro Tag. Es kommt vor, daß die Familien getrennt sind: Der Mann arbeitet nachts und die Frau am Tag. Sie sehen sich nur im Dunkel der Nacht, am Fabriktor, in der Mitte der Straße kommen die beiden Kolonnen aneinander vorbei. Dann sind Rufe zu hören. Sie versuchen, sich Briefe zuzustecken, die Wohnungsschlüssel … Sie dürfen nicht stehenbleiben. Die Deutschen könnten schlagen, schießen.

*

Jetzt halten sie sie an die zwölf Stunden in den Mauern der Fabrik fest. Wozu? Wollen sie die Produktion wirklich erhöhen? Die Leute arbeiten schlecht. Sie sind müde, haben keine Zeit zu schlafen. Wenn sie nachts arbeiten, müssen sie am Tag die Wohnung aufräumen, sich waschen, das Zuteilungsbrot abholen, sich mit den anderen verständigen.

Ewa ist sehr nervös. Soll sie die Mutter in die Fabrik holen? Eine Nummer ist jetzt leicht zu bekommen.

Oder ist es dort, im zentralen Ghetto, nicht sicherer? Viele Arbeiter aus der Fabrik sind ins zentrale Ghetto geflüchtet. Dort entstehen neue Arbeitsstätten.

Viele Polizisten sind mit ihren Familien aus dem Kessel in der Miła in den Tod geschickt worden. Die restlichen hat man zusammengefaßt in der Werterfassung*. Sie sollen die verlassenen Wohnungen durchsuchen, die der ausgesiedelten Juden. Sie nehmen alles mit, was Wert hat, also Möbel, Bücher, Bilder. Dann sortieren sie die Sachen und schaffen sie in ein Magazin, das in der Synagoge in der Tłomackie-Straße aufgemacht worden ist.

Im Ghetto entstehen auch neue Werkstätten. Die Deutschen ermuntern zur Arbeit. Sie sagen, es seien Rohstoffe im Anrollen, und die Produktion sei nötig. Aber die Arbeiter sind skeptisch. Am besten, man richtet sich in der Werterfassung ein. Die halten sich doch am längsten – sie werden die Sachen von den Abgeholten sortieren, das Eigentum des deutschen Staates. Auf dessen Aneignung – Erschießung. Wenn die Leute von der Werterfassung aus den leeren Häusern kommen, sehen sie aus wie ein seltsamer Karnevalszug. Über und über mit Federn behangen, weil sie die Kissen aufschlitzen, auf der Suche nach Wertgegenständen. Umgürtet mit leeren Kissenbezügen, die sie zu irgendwas brauchen, bieten sie einen komischen Anblick.

Inzwischen ist es schwieriger geworden, aus der Fabrik ins zentrale Ghetto zu gelangen. Die Deutschen fangen die Leute ein, die ohne Genehmigung unterwegs sind. Sie führen sie ab und bringen sie zum Umsiedlungsstab der Befehlstelle. Manchmal prügeln sie nur sehr, und

* im Original immer deutsch

92

der glückliche Arbeiter kann in die Fabrik zurück. Häufiger wandert er ins Gefängnis im zentralen Ghetto.

Das Spital ist wieder in Betrieb, und es gibt neue Kranke. Es gibt wieder ein Waisenhaus für Kinder, die durch ein Wunder dem Transport entgangen sind. Die Gemeinde beschäftigt wieder Leute beim Bau von Mauern, die sich rund um das schrumpfende Ghetto dauernd verschieben. Die arische Seite ist der unerreichbare Wunschtraum der Armen und das Ziel der Anstrengungen derer, die noch Geld haben. Der Umsiedlungsstab hat seine eigenen Spitzel. Die wissen, daß die Juden flüchten und bei Polen unterschlüpfen. Brand, der Kommandeur des Vernichtungskommandos, hält eine Rede: Die Juden sollen arbeiten, die Arbeiter bleiben da, und die, die sich auf der arischen Seite verstecken, werden sowieso von den Polen an die Deutschen ausgeliefert.

Da ist viel Wahres dran. Auf der arischen Seite gibt es organisierte Gruppen von Verrätern, denen die dunkelblaue polnische Polizei unter die Arme greift. Die Juden beginnen von der arischen Seite zurückzukommen. Unmöglich, dort durchzuhalten; es fehlt ihnen das Geld, um die Erpresser zu bezahlen.

*

Ewa, Tadeusz und Maria wechseln die Wohnung. Über Line bekommen sie ein Zimmer mit Küche, nur für sich allein. Sie freuen sich, daß sie ein eigenes Fleckchen haben, ohne Fremde. Sie sind Line dankbar, er tut wirklich so viel für sie. Sie haben sich sehr mit ihm angefreundet. Er ist wirklich ein außergewöhnlicher Mensch. Sie haben Józek, Tadeusz' Bruder, zu sich genommen.

Józek hat mit seiner Frau in einer Werkstatt der SS auf der arischen Seite gearbeitet. Der Betrieb war in der ehemaligen sowjetischen Botschaft, in einem wunderschönen Haus in der Poznańska-Straße untergebracht. Dort waren sie auch kaserniert. Sie haben seit den ersten Tagen der Aktion dort gewohnt. Sie haben den Alptraum der Aussiedlung nicht miterlebt. Ihr Leiter, der SS-Mann Schmedke, hat sich um seine Leute gekümmert. Er war sonderbar, anders als sonst die SS. Während des Kessels in der Miła ist er dorthin gefahren und hat den Vater und den Bruder eines seiner Arbeiter herausgeholt. Anna, Józeks Frau, ging in ein deutsches Spital saubermachen. Sie wischte Fußböden, Treppen, Klosetts. Die Männer wuschen Autos und arbeiteten in einer Autowerkstatt. Die Verpflegung war sehr karg, aber im Betrieb gab es eine Kantine, und man konnte manches kaufen. Manche von den Arbeitern hatten eigenes Geld. Schmedke ließ ihnen durchgehen, daß sie zusätzlich verdienten. Anna trieb Handel, so wie die anderen. Sie ging in Begleitung eines Soldaten ins Ghetto, kaufte für einen Spottpreis jüdische Garderobe auf und verkaufte sie mit Gewinn an die Polen weiter.

Unmittelbar vor dem 11. November, als die Lubliner SS die Arbeiter aus den Werkstätten holte, erklärte Schmedke, er müsse das Personal reduzieren. Auf der Entlassungsliste standen Anna und Józek. Schmedke sagte, er werde sie selbst zur Werterfassung ins Ghetto bringen, wo sie Arbeit bekämen. Er beteuerte, das sei keine Aussiedlung. Aber Józek, Anna und deren Freundin Jadzia glaubten ihm nicht. Sie flüchteten durchs Fenster, als man ihnen befahl, sich einzureihen. Um neun Uhr morgens sprangen sie aus dem Hochparterre den erstaunten Passanten der belebten Poznańska in die Arme.

Jetzt waren sie auf der polnischen Seite. Jadzia war früher Tänzerin und hat viele Bekannte in Warschau. Man nahm sie auf, aber nur für eine Nacht. Verängstigt zogen sie weiter von Unterschlupf zu Unterschlupf. Józek war am Ende seiner Kräfte, er ertrug dieses Leben nicht länger. Er ging ins Ghetto zurück, zu seinem Bruder. Anna und Jadzia wollten auf gar keinen Fall wieder hinter die Mauern. Sie sind sehr hübsch, voller Lust auf das Leben. Beide sehen aus wie typische Arierinnen.

Jadzia hat ihre Freundin Molly getroffen. Sie hat angeblich die Volksliste unterschrieben, aber sie sind befreundet. Schließlich sind sie viele Jahre zusammen zur Schule gegangen. Haben in einer Bank gesessen. Dann trennte sie das Leben. Molly studierte Medizin, und Jadzia wurde Tänzerin. Jetzt haben sie sich ganz zufällig getroffen, einfach so, auf der Straße. Molly freute sich sehr über das Wiedersehen mit der alten Freundin und nahm beide mit zu sich. Jadzia und Anna hatten kein Geld, aber Molly versicherte ihnen, sie werde Arbeit für sie finden. Jadzia hat einen Polen zum Freund, der sie liebt. Sie sehen beide nicht wie Jüdinnen aus, sie sind hellhaarig und schön. Bestimmt finden sie eine Beschäftigung. Józek macht sich Sorgen, daß er keine Nachricht von seiner Frau hat. Wohnen sie immer noch bei Molly?

*

Ewas und Arturs Hochzeitstag, der 22. Dezember. Ewa und Maria schließen sich einer Gruppe von Arbeitern aus der Werterfassung an, die von der Arbeit ins zentrale Ghetto zurückkehren. Sie haben nur fünfzehn Minuten, um die Mutter und die Schwiegereltern in die Arme zu schließen. Die Mutter ist mager, graugelb, die Schwiegermutter sehr gealtert. Sie fühlen sich schrecklich hier und einsam. Ewa fragt sie, ob sie nicht auf die polnische Seite fliehen würden. Sie wollen nicht. Ob die Mutter mit ihnen in der Fabrik arbeiten möchte? Nein, die Mutter hat Angst. Sie ist schon so viele Male zu ihnen zurück, und dann hat sie aus der Fabrik fliehen müssen. Im übrigen halten die »Wilden« seit dem 11. November, seit die SS die Leute aus den Fabriken geholt hat, die Arbeiter nicht mehr für privilegiert.

Ewa geht mit schwerem Herzen zurück. Zum ersten Mal ist sie an ihrem Hochzeitstag getrennt von ihrem Mann. In letzter Zeit schreibt er. Er will ins Ghetto kommen, um sie alle wiederzusehen. Von den Eltern hat er sich nicht mal verabschiedet. Aber Ewa beschwört ihn in einem Brief, nicht zu kommen. Rät sie ihm richtig?

Poket ist auf die arische Seite, und gleich am nächsten Tag war in der Wohnung, in der er sich aufhielt, eine Haussuchung. Man suchte nach politisch Verdächtigen. Er war nicht gemeldet, und man hat ihn mitgenommen. Wenn die Leute anfangen, von einer Aktion zu reden, tröstet sich Ewa mit dem einen Gedanken – wenigstens ist Artur gerettet, für die Kinder. Ewa würde alles dafür hergeben, um nicht noch einmal Arturs bleiche Fassung sehen zu müssen, wie damals, als man ihn mitnahm.

Als sie mit einer kleinen Gruppe von Leuten zurückkommt, die sich, wie sie, illegal ins Ghetto, zu ihren Familien durchgeschlagen haben – fallen Deutsche über sie her. Werden sie sie festnehmen? Sie haben ja keine Passierscheine. Auf der unbeleuchteten Straße rechtfertigen sich die Arbeiter. Sie haben ihre Angehörigen besucht, die Frau, die im Spital ist, den Bruder, der in der

Fabrik im Ghetto arbeitet. Aber den Deutschen geht es nicht um die Papiere. Geld, ob sie Geld haben? Die Leute atmen erleichtert auf, nur ein Raubüberfall.

Ewa ist zurück. Aber sie geht noch nicht in die Wohnung. Sie lauert auf Zofia, die jetzt mit der Arbeit fertig ist und zu sich auf die arische Seite zurückkehrt. Sie hat sie gefunden. Zofia ist wütend. Sie hat genug von ihnen. Durch Artur hat sie die polnische Polizei, Geheime, auf den Hals bekommen, sie haben sie ausgeraubt. Ewa bittet Zofia um Entschuldigung, sie werden ihr den Verlust ersetzen. Aber wo ist Artur, haben sie ihn freigelassen? Ewa betritt die Wohnung, sie hat ein entsetzliches Durcheinander im Kopf. Und da steht Artur vor ihr und begrüßt sie. Er ist hergekommen, zurückgekommen.

Die Geschichte mit Zofia verhält sich in Wirklichkeit anders. Sie war auf einem Trinkgelage, muß sich verplaudert haben. Unmöglich, anzunehmen, daß sie an einer Erpressung beteiligt ist. Aber vielleicht doch? Man hat ihre Sachen mitgenommen, alle Sachen. Sie verlangen eine Kaution für Arturs Papiere. Sie haben ihn abgepaßt, er mußte sein ganzes Geld hergeben. Aus, Schluß mit der arischen Seite.

Im zentralen Ghetto sind Weberwerkstätten aufgemacht worden. Artur, als Textilingenieur, wurde von der Firma Schultz zur Arbeit ausgeliehen. Er geht täglich ins zentrale Ghetto. Er trifft sich mit den Eltern und mit Ewas Mutter. Sie sind glücklich, daß sie ihn wiederhaben.

*

Anna und Jadzia sind aufgeflogen. Molly, Jadzias Freundin, stand im Dienst der Gestapo. Sie hat sie beide aufgelesen, sie herzlich aufgenommen, ihnen ihr schön möbliertes Zimmer abgetreten. Als sie zum ersten Mal nach langer Zeit, nach einer ruhig verbrachten Nacht, noch glücklich in den Betten lagen – kam die Gestapo. Sie hat beide abgeholt. War gekommen, um sie zu holen. Józek hat einen Kassiber aus dem Pawiak bekommen. Er fleht uns an, Anna zu retten. Aber wie? Aus dem Pawiak hat man sie an den Aussiedlungsstab der Befehlstelle weitergeleitet. Maria hat beschlossen, dorthin zu gehen. Die Befehlstelle ist in der Żelazna-Straße, gegenüber der Leszno, wo sie kaserniert sind. Ewa und Tadeusz sind starr vor Schreck. Man begibt sich nicht in die Höhle des Löwen! Aber Maria ist sich irgendwie ihrer sicher und empfindet keine Angst.

Sie betritt das große Amtsgebäude. Rundum Schreibtische, und dahinter Beamte – SS in Militär- und in Zivilkleidung. Viele laufen auf den Fluren herum. Unterhalten sich, lachen. Maria entdeckt ein Gesicht, das sie kennt, aus der Zeit vor der Aussiedlung. Der gutaussehende, elegante Verbrecher fühlt sich wohl unter der SS. Maria begreift – das ist ein Jude, der für die Deutschen arbeitet. Er sieht sie an und tut, als kenne er sie nicht. Maria tritt an einen Schreibtisch, hinter dem ein Beamter in Zivil sitzt. So wie früher, vor dem Krieg, als sie Rechtsanwältin in Łódź war, wendet sie sich in amtlichem Ton an ihn. »Ich habe Nachricht, daß eine Anna Prywer aus dem Pawiak zu Ihnen überführt worden ist. Ist Sie bei Ihnen?« Der Deutsche geht zu einem SS-Mann in Uniform, spricht kurz mit ihm und kommt zu Maria zurück. »Anna Prywer wurde in das Zentralgefängnis im Ghetto überstellt.« Maria bedankt sich im Amtston. Sie geht hinaus, atmet tief durch.

Line hat Zugang zum Telefon im Büro der Fabrik. Er ruft Schmedke in der Werkstatt an. Der Deutsche Schmedke ist immer anders gewesen, war menschlich, hat den Juden geholfen, hat sogar welche gerettet. Line fleht ihn an, Anna zu retten. Der Deutsche verspricht Hilfe. Zwei Tage später benachrichtigt er Line, daß Anna und Jadzia am Montag freigelassen werden.

Überhaupt nicht zu begreifen. Angeblich überstellt man jetzt alle Juden, die man auf der arischen Seite schnappt, in das Zentralgefängnis im Ghetto. Sollte sich etwas geändert haben? Noch bis vor kurzem hat man die Juden aus dem Pawiak nach Treblinka gebracht oder sie an Ort und Stelle erschossen, auf dem Gefängnishof.

Am Montag bricht Artur früher ins Ghetto auf. Ewa schläft noch. Nach kurzer Zeit kehrt er verstört zurück. Das Ghetto ist umzingelt. Dort geschieht irgend etwas Schreckliches. Wie gut, daß er nicht bei den Eltern übernachtet hat, denkt Ewa. Sie fühlt eine furchtbare Last auf dem Herzen. Die Mutter ist im Ghetto.

Um fünf Uhr morgens, als die Leute noch schliefen, hat SS das zentrale Ghetto umstellt. Sie fallen über die Überrumpelten in den Wohnungen her. Sie holen sie direkt aus den Betten, in der Unterwäsche. Sie bombardieren sämtliche Keller mit Granaten. Die einen töten sie, und die anderen, die noch am Leben sind, schleppen sie zum Umschlag.

Noch am selben Abend bringt ein jüdischer Polizist die Mutter zu ihnen, in die Leszno-Straße 73. Sie erzählt weinend. Als sie erfuhren, daß im Ghetto eine Blockade ist, sind Arturs Eltern in dem Haus, in dem sie wohnten, in den Bunker gegangen. Ewas Mutter ging nicht mit. Sie verkroch sich in ihrem alten Versteck in der Wohnung. Die Deutschen durchsuchten die Räume. Sie hörte ihre Schritte. Sie übersahen ihr Versteck. Also ist sie wieder bei den Kindern. Sie hat sich verändert, ist sehr selbständig und beherrscht. Redet ihnen zu, sich auf die arische Seite abzusetzen. Auch wenn viele geschnappt werden, es ist die einzige Chance, sich zu retten.

Am gleichen Montag sollten Anna und Jadzia aus dem Zentralgefängnis entlassen werden. Józek ist fast wahnsinnig vor Freude. Schon am Sonntagabend stiehlt er sich ins Ghetto, weil er am Morgen seine Frau aus dem Gefängnis abholen will. Aber am Montag beginnen die Deutschen ihre Aktion beim Gefängnis. Sie transportieren alle Festgenommenen ab. Sie transportieren das Spital und das Waisenhaus ab und die Beamten aus der jüdischen Gemeinde. Das sind die ersten Opfer der Januarblockade.

Die Nachricht von der Auflösung des Gefängnisses und dem Abtransport der Leute zum Umschlagplatz erreicht Ewa und ihre Familie. Line ruft wieder bei Schmedke in der Arbeitsstelle der SS an. Der geht sofort zum Zentralgefängnis. Unter einer Bank findet er Jadzia, die sich dort versteckt hat. Er läßt sie in einer Wohnung, die an das Gefängnis angrenzt. Die Bewohner aus diesem Haus sind schon alle weggebracht worden. Er geht selbst zum Umschlag, um nach Anna zu suchen. Zu spät. Anna wollte nicht in den Zug steigen – sie hat geschrien und auf die Deutschen eingeschlagen. Sie wurde auf der Stelle erschossen, noch ehe sie in den Waggon gestiegen war. Schmedke geht zurück, um Jadzia zu holen. Beide kommen in die Wohnung von Ewa. Ein SS-Offizier in Uniform und eine junge, verängstigte Jüdin. Sie bekommen heißen Tee. Jadzia wäscht sich und bringt ihren zerknitterten Mantel in Ordnung. Schmedke führt sie auf die arische Seite.

Der Januar 1943 verspricht nichts Gutes. Er hat mit einer Blockade und mit dem Abtransport der Juden aus dem zentralen Ghetto nach Treblinka begonnen. Es heißt, Warschau soll judenrein* gemacht werden. Hitler hat eine Neujahrsansprache gehalten. Er hat gesagt, er werde alle Juden in Europa ausrotten. »Ausrotten«* – was bedeutet dieses Wort? Es läßt sich in keine andere Sprache der Welt übersetzen. Es heißt, Treblinka sei aufgelöst worden, die Todeshallen abgerissen, damit kein Zeugnis von den Verbrechen zurückbleibt. Die Welt weiß wohl schon von der Vernichtung der Juden.

Und sie sind immer noch im Ghetto. Sie haben alle schon Kennkarten und Personalausweise, die nach den Geburtsurkunden von verstorbenen Christen angefertigt sind. Michał Line ist ein polnischer Offizier, der im Krieg gegen die Bolschewiken mit dem Virtuti Militari ausgezeichnet wurde. Er hat auch das Goldene Verdienstkreuz. Er hat sich viel in polnischen Kreisen bewegt. Er hat mehrere ihm ergebene, treue Freunde auf der arischen Seite. Sie kommen zu ihm, in die Fabrik in der Ogrodowa. Sie regeln auch alle Dinge, die mit der arischen Seite zu tun haben, für ihn und für Ewas Familie, versuchen, Wohnungen bei Polen zu beschaffen.

In der Zwischenzeit hat Toebbens, die größte Firma, die für den Bedarf der deutschen Wehrmacht arbeitet, überraschend eine Fabrik in Poniatów aufgemacht. Die Werkstätten und die Ausrüstung der Fabrik sollen bald nach dort überführt werden. Toebbens spricht zu seinen Arbeitern. Nur seine Leute werden verschont

* im Original deutsch

bleiben, weil sie in Poniatów arbeiten. Toebbens gibt ihnen sein Ehrenwort, daß Poniatów eine Arbeitsstätte ist und kein Konzentrationslager. Sie werden mit ihren Familien und mit ihrem Gepäck hinfahren, das sie mitnehmen dürfen. Damit sich die Arbeiter überzeugen, fährt eine Abordnung mit nach Poniatów. Von Poniatów spricht man auch beim großen Schultz.

Im Ghetto sterben immer öfter jüdische Verräter, Juden, die im Dienst der Gestapo stehen. Unter ihnen sind deutsche Juden, die nach Polen ausgesiedelt wurden. Sie sind Deutsche geblieben. Sie kennen kein Zusammengehörigkeitsgefühl mit ihren jüdischen Brüdern. Sie wollen um jeden Preis den Krieg, den Untergang des Reichs überleben, um dann in ihre deutsche Heimat zurückzukehren.

Auf dem Fabrikgelände der K. G. Schultz gab es bisher nicht sehr viele getarnte Verstecke. Jetzt hört man in den Nächten, wie die Wände in den Kellern aufgehackt werden. Die Leute bauen Bunker. Sie sind todmüde nach den zwölf Stunden Arbeit, aber sie müssen vorsorgen.

Ewa und ihre Familie haben sich entschlossen, auf die arische Seite zu gehen. Sie haben alle schon die notwendigen Papiere und gemietete Wohnungen. Um das Risiko geringzuhalten, beschließen sie, die Fabrik in der Ogrodowa einzeln zu verlassen. Wenn einer geschnappt wird, hat der andere vielleicht mehr Glück. Jemand muß am Leben bleiben. Man muß sich um die Kinder kümmern, die schon so lange auf der anderen Seite sind. Ihr guter Bekannter, ein polnischer Polizist, derselbe, der die Kinder hinausgebracht hat, wird jeden von ihnen einzeln holen.

An dieser Stelle endet Ewas Bericht. Die Fort-
setzung schrieb Ewas Schwester Maria viele
Jahre nach dem Krieg.

Als erste verläßt die Mutter von Ewa und Maria das
Ghetto. Sie ist vierundfünfzig Jahre alt, schlohweiß
und wirkt wie eine alte Frau. Aber sie hat ein »gutes
Aussehen«, und sie kann sich frei bewegen. Die Mutter wohnt in einer kleinen Wohnung bei einer sehr an-
ständigen, armen Familie. Sie fühlt sich wohl bei ihnen. Der Mutter folgt Artur. Er hat schon eine Zeitlang
auf der arischen Seite gewohnt. Er hat schlechte Er-
fahrungen. Man hat ihn erpreßt, und er mußte ins
Ghetto zurückkehren, aber er weiß, die arische Seite ist
die einzige Rettung für sie. Anfang April kommt Ewa
nach draußen, am 15. April – Tadeusz.

Maria soll das Ghetto am 18. April verlassen. Sie ist für
morgens neun Uhr mit dem polnischen Polizisten in
der Ogrodowa, in der Nähe der Fabrik verabredet. Aber
am 18. April kommen die Arbeiter aus der Nachtschicht nicht in die Leszno-Straße, in ihre Wohnungen
zurück. Sie werden in der Fabrik in der Ogrodowa festgehalten. Die Gruppe, in der Maria arbeitet, die Tag-
schicht, wird in der Leszno zurückgehalten. Maria hat
beim besten Willen keine Möglichkeit, dort herauszukommen. Sie malt sich die Angst der Familie aus, die
vergeblich auf sie warten wird. Sie tröstet sich damit,
daß ihre Angehörigen – die Kinder, die Mutter, ihr
Mann, Schwester und Schwager in Sicherheit sind.

Maria hält sich an Line und dessen Tochter. Er hat
schon lange alles auf der arischen Seite vorbereitet. Er
hat immer wieder gezögert, nach draußen zu gehen. Er

hat beschlossen, so lange in der Fabrik zu bleiben, wie dort gearbeitet wird. Er war der Meinung, er dürfe seine Arbeiter nicht sich selbst überlassen. Die anderen jüdischen Leiter waren schon auf der arischen Seite. Wenn auch er ginge, würde die Arbeit eingestellt, und was würde dann aus den Leuten?

*

18. April. Alle sind im Haus in der Leszno-Straße 76 eingesperrt. Sie sind gelähmt vor Angst. Weder die polnische noch die deutsche Direktion ist da. Es ist nichts zu erfahren. Warum hat man die Leute von der Nachtschicht in der Ogrodowa festgehalten? Warum hat man ihnen nicht erlaubt, zur Arbeit zu gehen? Alle haben das Gefühl, es kommt das Schlimmste auf sie zu.

Line hat Maria in das leere Büro der K. G. Schultz gebracht. Sie hat ihre Familie angerufen. »Ich kann heute nicht hier raus, aber ich komme bald. Bewahrt die Ruhe.« Doch sie konnten nicht ruhig bleiben, sie waren verzweifelt. Sie wußten genau, in welcher Gefahr Maria schwebte. Es stand ja fest, daß die Deutschen mit der endgültigen Liquidierung des Ghettos beginnen würden.

Am Abend des 18. April befanden sich viele Menschen auf dem Hof der Leszno-Straße 76. Es war schon ganz dunkel. Line ließ seine Tochter unter Marias Obhut zurück und ging auf die Wache, wo nur zwei Gendarmen Posten standen. Rundum war alles leer, die Straßen ausgestorben. Totenstille. Line redete lange mit den Deutschen. Schließlich kam er mit ihnen überein, daß sie gegen einen festgesetzten Preis in der Nacht Gruppen zu sechs Personen durchlassen würden. Sie würden sie nacheinander durchlassen, bis zur Wachablösung.

Line kam in den Hof der Leszno zu seiner Tochter und zu Maria zurück. Er wandte sich an die Leute, die bei ihnen standen. Er erklärte ihnen die Lage und sagte ihnen, daß es die Möglichkeit gebe, auf die arische Seite zu gelangen. Er bat die, die nach draußen wollten, sich ruhig in Sechsergruppen aufzustellen. Die Leute waren wahnsinnig vor Erregung. Statt sich ruhig in Gruppen aufzustellen – drängelten sie, schlugen um sich, stritten sich. Alle wollten mit der ersten Gruppe nach draußen, mit Line.

Plötzlich fielen irgendwo ganz in der Nähe Schüsse. Nicht mehr dran zu denken, durchzukommen. Maria war verzweifelt und wütend auf Line. Was für ein seltsamer Mensch, dachte sie. Anstatt heimlich fortzugehen, mit ihnen, denkt er an Leute, die er gar nicht kennt. Jetzt gilt es, ein Versteck zu finden, und zwar schnell. Sie waren sicher, daß die Aktion im Morgengrauen beginnen würde. Maria hatte in keinem der Bunker einen Platz. Sie hatte ja jetzt schon bei ihrer Familie sein sollen, an einem sicheren Ort auf der arischen Seite. Line hatte auch nichts für sich und seine Tochter vorbereitet. Er war überzeugt gewesen, daß er es schaffen würde, nach draußen zu kommen, sobald es notwendig wäre. Unmöglich, in einen Bunker zu kommen. Die Leute haben sich verbarrikadiert und wollen niemand hineinlassen. Wo sich verkriechen?

*

Es wurde immer später. Die Gefahr kam immer näher. Ein Bekannter schlug ihnen vor, sich auf dem Dach des Nachbarhauses zu verstecken. Dieses Haus, das man kurz vor dem Krieg zu bauen begonnen hatte, war nicht fertiggeworden: es gab noch kein Treppenhaus. Wie auf dieses Dach gelangen? Wie sind die dort hinaufgekommen, die schon oben sind? Sie sind über das Dach in der Leszno 76 gegangen. Sie haben ein fünfundzwanzig Zentimeter breites Brett überquert, das auf das Dach des nicht fertiggestellten Nachbarhauses führt. Das Brett befand sich in vier Stockwerk Höhe. Ungefähr vierzig Menschen hatten es passiert, darunter ein paar Alte, und keiner war in den gähnenden Abgrund gestürzt.

Das Dach war riesig. Über ihnen der Himmel, die Nacht bitterkalt. Sie besaßen nichts, womit sie sich zudecken konnten, sie froren. Sie hatten auch nichts zu essen. Am Morgen sahen sie vom Dach aus wie in einem Amphitheater, was da unten vorging.

Und da unten geschahen schreckliche Dinge. Die SS, ganze Scharen, suchte nach ihren Opfern. In Gruppen gingen sie in alle Hauseingänge. Das Bersten von Granaten war zu hören. Gelähmt vor Angst, sahen sie mit an, wie die Menschen aus den Bunkern geführt und auf der Stelle erschossen wurden. Die Menschen auf dem Dach waren am Rande ihrer Kräfte. Noch länger hier oben zu bleiben, war ausgeschlossen. Die deutschen Soldaten beobachteten die ganze Gegend von den Dächern der Nachbarhäuser aus. Vielleicht hatten sie sie sogar schon entdeckt?

In der zweiten Nacht beschloß Line, in den Hof der Leszno-Straße 76 hinunterzusteigen, um die Lage zu erkunden. Vielleicht auch ein anderes Versteck zu finden? Es war dunkel und still. Die Deutschen hatten in der Nacht keine Aktion durchgeführt. Sie fürchteten die Dunkelheit. Und plötzlich traten junge jüdische Kämpfer zu Line. Seit einiger Zeit hatte Line Verbindung zu ihnen unterhalten. Er hatte sich unter strengster Geheimhaltung mit ihnen getroffen, ihnen beigebracht, mit der Waffe umzugehen, ihnen geholfen, Kontakte zur arischen Seite herzustellen, und mit ihnen die strategischen Punkte in der Leszno-Straße erkundet.

Jetzt waren die Jungen auf ihn gestoßen und konnten ihm helfen. Sie stiegen mit ihm aufs Dach und nahmen alle drei mit in den Bunker in der Leszno 76, der unter ihrer Aufsicht stand. Der Bunker befand sich im Keller, er war von allen Seiten zugemauert. Man gelangte durch eine Öffnung im Fußboden hinunter, von einer Wohnung im Parterre aus. Die Leute im Bunker saßen ohne sich zu rühren, wortlos. Fürchterliche Enge. Mensch an Mensch. Völliges Dunkel hüllte sie ein. In der Luft war zu wenig Sauerstoff, um ein Streichholz anzuzünden. Über ihren Köpfen hörten sie die schweren Schritte der Deutschen, die auf sie Jagd machten. Beklopfen der Wände, explodierende Granaten und nichtverstummende Schüsse. Ihre Herzen erstarben, sie zitterten vor Angst, daß man sie entdecken könnte. Am späten Abend, als es still geworden war, verließen sie den Bunker und gingen in die Wohnung im Parterre. Sie streckten die schmerzenden Glieder aus, aßen etwas, obwohl sie überhaupt keinen Hunger verspürten. Um vier Uhr morgens stiegen sie zurück in den Bunker. Vorher hatten sie sich gewaschen und ihre Kleider gesäubert. Line rasierte sich täglich, er hatte immer einen Apparat bei sich. Sie gaben sich große Mühe, sauber und ordentlich auszusehen. Unter diesen schweren, schrecklichen Bedingungen harrten sie bis zum 28. April aus. An diesem Tag, gleich früh am Morgen, kamen ihre geliebten heldenhaften Jungs in den Bunker. Die Deutschen hatten eine Amnestie für Juden erlassen. Sie würden sie nicht mehr töten – sagten sie. Alle sollten aus den Bunkern und anderen Verstecken kommen. Sie würden zur Arbeit nach Poniatów gebracht. Nach einer Weile setzten die Jungs hinzu:

»Jeder muß selbst entscheiden, was er tut.« Sie verabschiedeten sich sehr herzlich von Line und Maria. »Auf Wiedersehen in Palästina«, sagten sie im Gehen.

*

Als Line, Mirka und Maria aus dem Bunker in den Hof in der Leszno-Straße 76 kamen, konnten sie mit ihren das Licht nicht mehr gewohnten Augen nur mühsam die Menschenmenge ausmachen, die plötzlich aus dem Haus strömte. Maria sah die Lastwagen auf dem Hof, ihr Herz blieb fast stehen. Gingen die nicht nach Treblinka? Es war ein außergewöhnlich schöner Frühlingstag, doch es war ein tragischer Tag. Im Licht der Sonne war eine rote Flamme zu sehen und Rauch, der über dem brennenden Ghetto aufstieg.

»Ich fahre nicht nach Poniatów«, sagte Maria zu Line. »Ich bin nicht sicher, ob das nicht Treblinka oder ein anderes Vernichtungslager ist. Tu alles, was in deiner Macht steht, daß wir hier herauskommen.« Und da setzte sich Line, ohne zu überlegen, in Richtung Wache in Bewegung, ging auf den Posten zu.

Der Wachtposten befand sich etwa hundertundfünfzig Meter von ihrem Haus entfernt, an der Ecke Leszno und Żelazna. Es war elf Uhr morgens. Die Wache war stark von deutschen Gendarmen, polnischer Polizei und Spitzeln umstellt. Line trat zu einer Gruppe deutscher Gendarmen und sagte: »Lassen Sie fünf Personen durch!« Sie erschossen ihn nicht. Sie sahen ihn verblüfft an. Schwiegen. Ein paar Gendarmen gingen weg. Es blieben zwei. Da sagte Line fast befehlend: »Retten Sie drei Seelen!«* – »Aber schnell!«* erwiderte einer.

* im Original deutsch

Und durch dieses Wunder, das man kaum glauben kann, glückte es ihnen, der Hölle zu entrinnen. Line ging neben dem alten deutschen Soldaten, einem Werkschutzmann aus der Fabrik von Schultz. Maria ging hinter ihnen. Sie hielt die vor Angst fast ohnmächtige Mirka fest an der Hand. Sie gingen durch die Wache. Niemand schoß. Niemand hielt sie auch nur an. Sie gingen, wie geschützt durch die Tarnkappe aus den Kindermärchen. Line führte. Geradeaus. Nach links. Sie bogen in die Ogrodowa ein.

*

Gegenüber der Fabrik war das kleine Restaurant der Rybickis. Sie kannten Line. Er war oft aus der Fabrik dorthin gekommen, um sich mit der Direktion der K. G. Schultz zu treffen. Er hatte sich auch mit seinen polnischen Freunden dort getroffen. Zum Glück war das Café leer. Keiner da, außer dem Besitzer. Line bat um ein Frühstück für den Werkschutzmann und für sie um ... ein freies Zimmer.

An jedem Haus in der Nähe des Ghettos auf der arischen Seite hing die Bekanntmachung: »Das Verstecken von Juden wird mit dem Tode bestraft.« Aber die Rybickis waren außergewöhnliche Menschen, mutige, edle Menschen. Sie führten sie in ein Zimmer im hinteren Teil des Lokals. Brachten Wasser, Seife und ein Frühstück.

Line hatte seine für die arische Seite bestimmten Papiere, Geld und einen Anzug in seinem Zimmer in der Schultzschen Fabrik aufbewahrt. Von den Rybickis aus rief er einen polnischen Angestellten in der K. G. Schultz an und bat ihn, ihm die Sachen zu bringen, was der auch sofort tat.

Maria betrat das Café. Der alte Wehrmachtssoldat, der sie beim Verlassen des Ghettos begleitet hatte, saß beim Frühstück. Sie ging zu ihm und sagte: »Ich wünsche dir von ganzem Herzen, daß du nach Hause zurückkehrst und deine Familie gesund vorfindest.« Der Deutsche war gerührt.

Jetzt mußten sie noch in die Wohnungen gelangen, die auf sie warteten. Die jungen Rybickis gingen in die Stadt, um Marias Familie und die Freunde von Line zu benachrichtigen. Nach kurzer Zeit betraten Professor Kotarbiński und der Ingenieur Woroszyło das Café. Woroszyło nahm Line und dessen Tochter mit in seine Wohnung, und Professor Kotarbiński brachte Maria zu ihrer Familie, die auf sie wartete, in die Puławska-Straße.

Ewa und Tadeusz haben das Ende des Krieges nicht mehr erlebt. Sie kamen beim Warschauer Aufstand im September 1944 ums Leben. Die Mutter von Ewa und Maria starb 1947 in Paris. Michał Line starb 1975 in Tel Aviv. Seine Tochter Mira lebt mit ihrer Familie in Tel Aviv. Elżbieta, Ewas Tochter, und Ryszard, Marias Sohn, leben außerhalb von Israel. Artur, Ewas Mann, lebt in Paris, und Maria, ihre Schwester, in Tel Aviv.

Anmerkungen
von Maria Line

S. 12   *... der Name des jüdischen Offiziers ...*
Jerzy Firstenberg, Sohn sehr reicher Industrieller aus Będzin. Wurde von den jüdischen Kämpfern im Ghetto kurz vor dessen endgültiger Liquidierung erschossen. Die Szajns stammten gleichfalls aus Będzin. Sie waren Besitzer einer metallurgischen Fabrik in Sławków bei Będzin.

S. 13   *... bei den Federnreinigern.*
In der Werkstatt der Federnarbeiter wurden Federbetten gereinigt, die man aus den Häusern der Deportierten holte. Die Prywers (der Vater und die Geschwister von Tadeusz, Marias Mann) arbeiteten und versteckten sich dort. Die ganze Werkstatt wurde im September 1942, während des Kessels in der Miła-Straße, aufgelöst.

S. 20   *... von ihrem Cousin Olek ...*
Olek (Aleksander) Konarski war jüdischer Leiter in der Werkstatt der K. G. Schultz, er stammte aus Łódź. 1943 von der SS im Ghetto ermordet. Die Frau und der Bruder von Konarski leben in Amerika.

S. 26   *... ein ganzes Haus von ›Wilden‹«.*
»Wilde« wurden Menschen ohne Papiere genannt, die sich vor der Aussiedlung versteckten, also illegal im Ghetto blieben.

S. 27   *Vernichtungskommando*
Vernichtungskommando – Umsiedlungsamt – Einsatz Reinhardt (im Original deutsch; der Verlag); es leitete die Aussiedlungsaktion in der zweiten Aussiedlungsphase, während der Häuser- und Straßenblockaden. Die Mannschaft des Vernichtungskommandos bestand aus 10–20 SS-Leuten; 50–100 Ukrainern, Litauern und Letten; 250–300 Ghettopolizisten.

S. 30   ... *dem Rechtsanwalt.*
Rechtsanwalt Wertheim aus Skierniewice.

S. 36   ... *heute, am Sonntag,* ...
Der Kessel in der Miła- und in der Niska-Straße begann am Sonntag, dem 6. September, um 6 Uhr morgens. Für diesen Tag hatten die Deutschen die »Registrierung« angeordnet. Bis 10 Uhr morgens hatten sich die Juden aus allen Werkstätten im Bereich der neugezogenen Ghettogrenzen einzufinden – Miła, Niska, Plac Parysowski und Plac Lubeckiego. Die »Registrierung« betraf die Arbeiter aus den Werkstätten von: Schultz & Co., K. G. Schultz, Curt Hoerlich, OXACO, Schilling, Toebbens in der Leszno, Hallaman, Hoffman und andere. Gegen 11 Uhr morgens begann die SS mit der Selektion. Der Kessel dauerte eine ganze Woche, d. h. bis zum Samstag, dem 12. September. Während dieser Woche deportierten die Deutschen 54 000 Juden nach Treblinka.

S. 40   ... *zu Rowiński.*
Der Ingenieur Rowiński war vor dem Krieg Besitzer einer Trikotagenfabrik in der Leszno 76 gewesen. Im Ghetto war er einer von den jüdischen Leitern der Fabrik. Er starb nach dem Krieg in Israel.

S. 42   *Aber Gutas Eltern* ...
Gustawa (Guta) Altman aus Łódź ging im Herbst 1942 auf die arische Seite, sie kam wahrscheinlich ums Leben.

S. 42   *Doktor Landzberg* ...
Dr. Landzberg, geb. in Tomaszów, arbeitete vor dem Krieg als Arzt in Warschau. Er überlebte den Krieg.

S. 43   *Ihre Mutter,* ...
Frau Poznańska, Frau des Rechtsanwalts aus Łódź, eines polnischen Offiziers, der wahrscheinlich in Katyń umkam.

S. 49   ... *die Verpflegungsstelle* ...
Die Verpflegungsstelle der K. G. Schultz wurde von den Bornsztajns geleitet.

S. 55   *Eine junge Frau mit aschgrauem krausem Haar* ...
Frau Poznańska mit ihrer Tochter Wandzia.

S. 59   ... *und Eda,* ...
Eda Salomon, Frau des Rechtsanwalts aus Warschau, der zu Kriegsbeginn verhaftet wurde.

S. 62   ... *bis nach Bobruisk,* ...
Bobruisk in Weißrußland. Der erste Judentransport in das Lager Bobruisk, etwa 1000 Menschen, ging im Mai 1942 ab. Das Lager bestand bis Ende 1943. Im November und Dezember 1942 wurden im Warschauer Ghetto Gerüchte über Briefe in Umlauf gebracht, die angeblich von aus Warschau ausgesiedelten und sich in den Lagern in der Nähe von Pińsk und in Bobruisk aufhaltenden Juden stammten.

S. 67   ... *am »Versöhnungstag«.*
Der »Versöhnungstag« (Jom Kippur) fiel 1942 auf Montag, den 21. September. An diesem Tag fanden die letzten Blockaden im Ghetto statt.

S. 71   ... *die Befehlstelle,* ...
Befehlsstelle (im Original deutsch; der Verlag) – vorübergehender Sitz des Stabes vom Einsatz Reinhardt aus Lublin, der sich in der Żelazna 103 befand. Von dort aus wurde die Deportation der Ghettobevölkerung in die Vernichtungslager geleitet.

S. 71   ... *der 9. November 1942.*
Zwischen dem 9. und 12. November 1942 erneute Aussiedlungen aus dem Ghetto. Die Schneider- und Schusterwerkstätten hatten die Pflicht, die Menschenkontingente aufzubringen, die man zur Arbeit nach Lublin schicken wollte. Höchstwahrscheinlich wurden sie in die Lager nach Trawniki, Poniatów und Budzyń gebracht.

S. 83   ... *in Treblinka.*
Die ersten Nachrichten über das Vernichtungslager Treblinka gelangten um den 8. 8. 1942 ins Ghetto. Die Organisation »Bund« hatte Zygmunt Frydrych delegiert, zu prüfen, was mit den Transporten vom Umschlagplatz geschah. Nach Frydrychs Rückkehr ins Ghetto erschien in der Untergrundzeitung »Ojf der Wach« eine Beschreibung des Lagers Treblinka. Gleichfalls Anfang August tauchten die ersten Flüchtlinge aus Treblinka im Ghetto auf.

S. 86   ..., *Trawniki und Poniatów.*
Die Lager Trawniki und Poniatów im Gebiet von Lublin. Zwischen dem 3. und 5. November 1943 erfolgte die endgültige Vernichtung sämtlicher jüdischer Häftlinge in Poniatów, Trawniki und Majdanek.

S. 92   *... in der Werterfassung.*
Werterfassung (im Original deutsch; der Verlag) – Dienststelle der SS im Ghetto, deren Aufgabe in der Beschlagnahme des Eigentums der Ausgesiedelten und ins Reich Deportierten war.

S. 110   *... Professor Kotarbiński und der Ingenieur Woroszyło ...*
Tadeusz Kotarbiński war Professor für Logik an der Warschauer Universität und gleichzeitig Präsident des Internationalen Philosophenverbandes. Ein Mensch von außergewöhnlich edler Gesinnung, ein großer Humanist und Verteidiger der Menschenrechte. In den fünfziger Jahren war Professor Kotarbiński mit seiner Frau zweimal auf Einladung der israelischen Regierung in Israel. Er war auch zu Gast bei Michał und Maria Line in Tel Aviv.
Ingenieur Woroszyło – einer der Gerechten unter den Völkern der Welt. Sowohl er als auch seine Frau halfen den Juden. Elżbieta, Ewas (Eugenia Lewins) Tochter, wurde von dem Ehepaar Woroszyło bis zum Ende des Krieges versteckt. Beide behandelten sie wie ihr eigenes Kind. Nach dem Einmarsch der Russen in Polen wurde Woroszyło verhaftet und von den Sowjets ermordet.

Zeittafel
von Arnold Mostowicz

Die Warschauer Juden

Erstmals finden die Warschauer Juden in den Chroniken von 1421 Erwähnung. Später machte Warschau viele Jahrhunderte lang von seinen ihm durch die polnischen Könige verliehenen antijüdischen Privilegien Gebrauch und verbot den Juden den Aufenthalt in der Stadt. Das hinderte die Juden freilich nicht daran, das Verbot zu umgehen, besonders zu Zeiten, da ihre Anwesenheit in Warschau von den Regierenden für notwendig gehalten wurde. Am Ausgang des 18. Jahrhunderts lebten, nach damaligen Zählungen, bereits 6990 Juden in Warschau. Die Verfassung des 3. Mai 1791 sollte ursprünglich zur Aufhebung vieler gegen die Juden gerichteten Beschränkungen beitragen, das Werk wurde jedoch nicht vollendet.

Dennoch siedeln sich immer mehr Juden in der Hauptstadt an, und das 19. Jahrhundert bringt, zusammen mit der Entwicklung der Stadt als Zentrum von Industrie und Handel, auch eine bedeutende Zunahme des jüdischen Bevölkerungsanteils mit sich. Die Juden spielen eine immer größere Rolle. Reiche jüdische Familien, wie die Kronnenbergs, Rotwands, Wawelbergs, Natansons, entfalten eine sozial-philanthropische Tätigkeit, die sich nicht allein auf die jüdische Bevölkerung erstreckt, sondern das Leben der gesamten Stadt beeinflußt und zu ihrer Entwicklung beiträgt. Die aufgeklärten Schichten der jüdischen Bevölkerung treten auf allen Gebieten des öffentlichen Lebens hervor und bezeugen durch die Teilnahme an den nationalen Erhebungen ihr patriotisches Verhältnis zu Polen.

Der Beginn des 20. Jahrhunderts bringt, zusammen mit dem Wiedererstehen eines unabhängigen polnischen Staates, die erhebliche Aufsplitterung auch der jüdischen Bevölkerung; starke Arbeiterparteien entstehen.

Am Vorabend des Zweiten Weltkriegs war Warschau das größte jüdische Zentrum in Europa. Zugleich war die Stadt mit ihren 360 000 Juden (33% der gesamten Warschauer Bevölkerung) weltgrößtes Jiddisch sprechendes Zentrum jüdischer Kultur. Hier erschienen zahlreiche Presseerzeugnisse in jiddischer Sprache (allein 7 Tageszeitungen!), hier wirkten jüdische Theater, so hervorragende Künstler wie die Schauspielerfamilie Kamiński, wie die Trupa Wileńska. Hier schrieben bedeutende Schriftsteller wie Jizchok Lejb Perez, die Brüder Singer. Hier arbeiteten judaistische wissenschaftliche Einrichtungen mit so überragenden Gelehrten wie Bałaban, Schipper, Schorr.

Gleichzeitig assimilierten sich viele Juden. Sie verbanden sich mit der polnischen Kultur und bereicherten sie um hohe Werte. Schriftsteller wie Słonimski, Leśmian, Brzechwa, Korczak; überragende Schauspieler und Theaterleute wie Frenkiel, Szyfman; bedeutende Männer der Wissenschaft wie Handelsman, Hirszfeld, Kuratowski, Aszkenazy schrieben die Geschichte der polnischen Kultur und Wissenschaft mit.

Die große Mehrheit von ihnen fand den Tod, ermordet von den faschistischen Okkupanten. Nicht mehr als ein paartausend Juden entgingen, teils von Polen versteckt, teils bei den Partisanen kämpfend, der Vernichtung.

1. 9. 1939

Überfall Hitlerdeutschlands auf Polen.
Gründung einer Kommission jüdischer Institutionen und Organisationen, um die Hilfe für die Flüchtlinge und Opfer der Kämpfe zu koordinieren.

7. 9. 1939

Massenexodus der Bevölkerung aus dem bedrohten Warschau. Unter den Flüchtlingen auch sehr viele Juden.

8. 9. 1939

Beginn der Belagerung Warschaus.

12.–13. 9. 1939

Jüdisches Neujahr (Rosch Ha-Schana). Brutaler Artilleriebeschuß und Bombardierung des jüdischen Viertels. Tausende Verwundete und Tote.

21. 9. 1939

Informationskonferenz des Reichssicherheitshauptamtes in Berlin unter Leitung von Heydrich. Festlegung der Politik Deutschlands gegenüber den Juden. Ankündigung der Umsiedlung der Juden aus Deutschland nach Polen. Am selben Tag Telegramm Heydrichs an die Leiter der Einsatztruppen, die Judenfrage in den besetzten Gebieten betreffend. Auch Berufung der »Judenräte« in den bisherigen jüdischen Gemeinden.

23. 9. 1939

Adam Czerniaków wird vom Warschauer Stadtpräsidenten Starzyński zum Vorsitzenden der Jüdischen Gemeinde ernannt.

28. 9. 1939

Kapitulation Warschaus.

Oktober 1939

Emanuel Ringelblum legt unter der Geheimchiffre »Oneg Szabat« ein Geheimarchiv an.

4. 10. 1939

Czerniaków Ernennung wird von den Besatzungsbehörden bestätigt. Czerniaków beruft den »Judenrat«, der aus 24 Vertretern der jüdischen Bevölkerung besteht.

24. 10. 1939

Durchführung einer Volkszählung unter der jüdischen Bevölkerung in Warschau. Die Zählung ergibt, daß 359 837 Juden in der Stadt leben.

26. 10. 1939

Bildung des Generalgouvernements (GG) mit der Hauptstadt Krakau. An der Spitze des GG steht Hans Frank.

Im Generalgouvernement leben anderthalb Millionen Juden. Erlaß von Frank über die Arbeitspflicht, die alle Juden im Alter zwischen 12 und 60 Jahren betrifft.

3.11.1939
Erschießung von 53 Juden – kollektive Bestrafung für die Erschießung eines polnischen Polizisten.

4.11.1939
Erster Versuch, in Warschau ein Ghetto zu schaffen. Er scheitert am energischen Protest des »Judenrats« und aufgrund von Meinungsverschiedenheiten zwischen Wehrmacht und Gestapo.

1.12.1939
Erster Tag, an dem die Juden die weiße Binde mit dem Davidstern am rechten Arm tragen müssen. Dies gilt auch für getaufte Juden.

Januar 1940
Einführung des Kartensystems, das die Juden diskriminiert. Ihre Lebensmittelzuteilungen entsprechen 184 Kalorien pro Tag.

16.1.1940
Waldemar Schön kommt als Vertreter Franks nach Warschau, um den jüdischen Bezirk anzulegen.

März 1940
Pogrom unter der jüdischen Bevölkerung Warschaus während der acht Tage des Pesach-Festes. Die von Juden bewohnten Bezirke erhalten die Bezeichnung »Seuchensperrgebiet«.

27.3.1940
Czerniaków erhält den Auftrag, um den jüdischen Bezirk eine Mauer zu errichten.

26.4.1940
Unterstellung der Jüdischen Gemeinde unter die deutsche Zivilverwaltung.

10. 5. 1940

Czerniaków erhält von den deutschen Behörden den Plan für das künftige Ghetto in Warschau.

23. 7. 1940

Es erscheint die erste Nummer der »Gazeta Żydowska« (Jüdische Zeitung), herausgegeben unter der Aufsicht des Propagandachefs des GG und ausschließlich für Juden bestimmt. Die Zeitung stellt Ende 1942 ihr Erscheinen ein.

August 1940

Offizielle Teilung Warschaus in drei Wohnbezirke: den deutschen, den polnischen und den jüdischen.
Erste Deportationen junger Juden in außerhalb Warschaus gelegene Arbeitslager.

2. 10. 1940

Der Chef des Distrikts Warschau, Fischer, unterschreibt den Erlaß über die Gründung des Warschauer Ghettos.

12. 10. 1940

Der Beschluß über die Schaffung des Warschauer Ghettos wird den jüdischen Behörden übergeben. – Es ist der jüdische Feiertag Jom Kippur.

1. 11. 1940

Die Juden erfahren über Lautsprecher, daß die Übersiedlung aller Juden ins Ghetto für den 14. November festgesetzt ist. Von der Umsiedlungsaktion sind 138 000 Juden betroffen. Das Ghetto erstreckt sich auf 73 von 1800 Warschauer Straßen. Das Gelände soll mit einer 4 m hohen, stacheldrahtbewehrten Mauer umgeben werden. Länge der Mauer 16 km. Aufstand der jüdischen Polizei.

Dezember 1940

Das »Amt zum Kampf gegen Wucher und Spekulation« im jüdischen Bezirk wird ins Leben gerufen. Es wird von dem Gestapo-Spitzel Gancwajch geleitet. Im Juli 1941 aufgelöst.

März 1941

Durch die Umsiedlung von 66 000 Juden aus dem westlichen Teil des Distrikts steigt die Bevölkerungszahl im Ghetto auf 445 000.

Mai 1941

Der Berliner Rechtsanwalt Hans Auerswald wird zum Kommissar des jüdischen Bezirks ernannt.

Juni 1941

Schaffung eines Gefängnisses im Ghetto, das bald 1200 Häftlinge hat, die vor allem des Schmuggels angeklagt sind.

August 1941

Schaffung einer Institution für die Unterstützung des Handwerks im Ghetto. Es geht um finanzielle Hilfe und die Entgegennahme von Aufträgen.

17. 11. 1941

Hinrichtung von 8 Juden, darunter 6 Frauen, wegen Verlassens des Ghettos.

Dezember 1941

Im Ghetto arbeiten 65 000 Personen: 55 000 Lohnarbeiter und 10 000 Selbständige.
Das erste Massenvernichtungslager (in Chełmno am Ner) nimmt seine Arbeit auf. Die Juden werden in speziell konstruierten Lastwagen getötet. Die Bevölkerung erfährt von diesem Lager durch den Juden Jakub Grojanowski, der aus dem Lager Izbica flieht.

24. 12. 1941

Der Chef von Polizei und Sicherheitsdienst im GG erläßt im Namen Himmlers den Befehl, alle im Besitz von Juden befindlichen Pelzmäntel zu beschlagnahmen.

Januar 1942

Erste Zusammenkunft der im Untergrund arbeitenden jüdischen Organisationen des Ghettos.

20. 1. 1942

Die Wannsee-Konferenz unter Leitung Heydrichs beschließt die »Endlösung der Judenfrage«.

März 1942

Entstehung des Antifaschistischen Blocks im Ghetto. Er bestand bis zum 9. Mai, an dem viele seiner führenden Köpfe durch die Gestapo verhaftet wurden.

18. 5. 1942

Ermordung von 52 Juden, darunter vieler Kämpfer des Untergrunds, als Vergeltung für die angebliche Ermordung eines Deutschen.

Frühling 1942

Im Rahmen der »Aktion Reinhardt« nimmt die Formation »Einsatz Reinhardt« unter SS-General Odilo Globocnik ihre Tätigkeit im Generalgouvernement auf. Aufgabe der »Aktion Reinhardt« war der Abschluß der Judenvernichtung im GG bis zum 31. 12. 1942.
Blockaden in den Ghettos, Deportationen in die Vernichtungslager, Aufsicht über das Tempo der Judenausrottung, Beschlagnahme des von den Juden hinterlassenen Eigentums.

Juni 1942

Exekution von 110 Juden auf dem Gelände des Ghettogefängnisses.

Juli 1942

Nach Berechnungen der Ghettobehörden starben seit Kriegsbeginn ca. 100 000 Menschen an Hunger und Krankheiten.

15. 7. 1942

Die Formation »Einsatz Reinhardt« wird nach Warschau verlegt.

Mitte Juli 1942

Errichtung des Massenvernichtungslagers Treblinka B neben dem Strafgefangenenlager für Polen – Treblinka A.

22. 7. 1942

Beginn der Aussiedlung aus Warschau (Vorabend des jüdischen Feiertages Neunter Tag des Monats Aw, an dem gefastet wird). Der »Judenrat« soll täglich 6000 »unnütze Juden bereitstellen«.

23. 7. 1942

Zusammenkunft von 16 Vertretern aller im Untergrund agierenden Gruppierungen und Organisationen des Ghettos, um über die Lage zu beraten.
Adam Czerniaków nimmt sich das Leben.

28. 7. 1942

Gründung der Żydowska Organizacja Bojowa (ŻOB; Jüdische Kampforganisation).

August 1942

20 Angehörige der ŻOB verlassen das Ghetto und schließen sich den Partisanen in den Wäldern von Międzyrzecz an.
Der Emmissär des polnischen Untergrunds Jan Karski besucht heimlich das Ghetto.

5. 8. 1942

Janusz Korczak wird mit den Zöglingen seines Waisenhauses nach Treblinka deportiert.

20. 8. 1942

Attentat der ŻOB auf den Kommandanten der jüdischen Polizei Szeryński.

3. 9. 1942

Liquidierung einer Gruppe der ŻOB durch die Gestapo.

12. 9. 1942

Vorläufiger Abschluß der Aussiedlungsaktion; das Ghetto hat noch etwa 70 000 Bewohner.

24. 9. 1942

Von Sammern-Frankenegg, SS- und Polizeichef, verkündet die Ausgangssperre im Ghetto.

Oktober 1942

Die Organisationen des Untergrunds konstituieren, als politische Körperschaft, das Jüdische Nationalkomitee. Die ŻOB sollte sein bewaffneter Arm sein.

2. 10. 1942

Geheimer Befehl Himmlers, alle für die Rüstungsindustrie arbeitenden Juden in zwei Lagern – Lublin und Warschau – zu konzentrieren, die der SS unterstehen.

29. 10. 1942

Vollstreckung des Todesurteils am Kommandanten der jüdischen Polizei Lejkin durch die ŻOB.

29. 11. 1942

Vollstreckung des Todesurteils an dem Verbindungsmann zwischen der deutschen Polizei und dem »Judenrat«, First, durch die ŻOB.

Dezember 1942

Die ŻOB erhält die ersten 10 Pistolen von der Armija Krajowa (AK; Heimatarmee).

4. 12. 1942

Der polnische Untergrund gründet den Rat für die Unterstützung der Juden, der den Decknamen »Żegota« trägt.

Januar – April 1943

Bau unterirdischer, für den Kampf ausgerüsteter Bunker an vielen Punkten des Ghettos. Waffenkäufe auf der »arischen Seite« der Stadt.

9. 1. 1943

Himmler in Warschau und auf dem Gelände des Ghettos.

18. 1. 1943

Versuch der Aussiedlung der letzten im Ghetto verbliebenen Juden. Erster bewaffneter Widerstand der ŻOB. Kämpfe in den Straßen und Häusern des Ghettos.

Februar 1943

Die ŻOB erhält von der AK 49 Pistolen, 50 Granaten und 4 Kilo Sprengstoff.

16. 2. 1943

Befehl Himmlers, die Reste des Warschauer Ghettos in ein Konzentrationslager umzuwandeln.
Erster Transport in das Lager Trawniki.

23. 2. 1943

Deportation von 850 Juden in das Lager Poniatów.

13. 3. 1943

Erneuter bewaffneter Zusammenstoß zwischen ŻOB und deutschen Einheiten.
Brief des Führers der ŻOB, Mordechaj Anielewicz, an die Vertreter der Jüdischen Koordinationskommission auf der »arischen Seite«, in dem er die Führung des polnischen Untergrunds der Gleichgültigkeit gegenüber dem Schicksal der Juden und des Antisemitismus bezichtigt.

18. 4. 1943

Erste Nachricht von der Konzentration starker deutscher Wehrmachtseinheiten in Warschau. General Stroop übernimmt den Oberbefehl über SS und Polizei.

19. 4. 1943

Vorabend des Pesach-Festes. SS-Einheiten marschieren ins Ghetto ein, um es endgültig zu liquidieren. Beginn der Kämpfe. Der heftige Widerstand der Juden zwingt die Deutschen zum Rückzug. Zahlreiche Tote und Verwundete auf deutscher Seite.

20. 4. 1943

Heftige Kämpfe im Gebiet des gesamten Ghettos, vor allem im Bezirk der Bürstenbinder. Erster Versuch der AK, den Aufständischen zu Hilfe zu eilen. Am selben Tag zwei Versuche der Gwardia Ludowa (Volksgarde), den kämpfenden Aufständischen zu Hilfe zu eilen. Alle Versuche schlagen fehl.

21.4.1943

Heftige Kämpfe auf dem Gebiet des gesamten Ghettos. Die Deutschen können den Widerstand der Juden nicht brechen, die sich in gut getarnten Bunkern versteckt halten. Die Deutschen stecken Haus für Haus in Brand.

26.4.1943

Bericht Stroops, der das Anzünden jedes einzelnen Hauses als Methode bestätigt, die Kämpfenden zum Verlassen der Bunker zu zwingen.

8.5.1943

Anielewicz und die anderen Führer des Aufstands finden im Bunker in der Miła-Straße 18 den Tod.

12.5.1943

Zum Zeichen des Protests gegen die Gleichgültigkeit der Welt angesichts der Liquidierung des Warschauer Ghettos begeht der Führer des »Bund«, Szmul Zygielbojm, in London Selbstmord.

15.5.1943

Die große Warschauer Synagoge in der Tłomackie-Straße wird in Brand gesteckt und zerstört.

16.5.1943

Rapport Stroops über die Beendigung der Kämpfe im Ghetto. Der Bericht enthält die Angabe, daß die Zahl der Juden, die gefaßt und getötet wurden, insgesamt 56 065 beträgt; darüber hinaus starben während der Kämpfe und in den Flammen ca. 6000 Juden.

September 1943

Die Deutschen beginnen, die letzten Reste der noch stehenden Ghettomauern zu sprengen.

7.3.1944

Tod Emanuel Ringelblums, seiner Frau und seines Sohnes, die von den Deutschen in ihrem Bunkerversteck entdeckt werden.

Das Warschauer Ghetto

─────── Ghettogrenze
         am 15. November 1940

▬▬▬▬▬ Das Ghetto zu Beginn
         des Aufstandes im April
         1943

U – Umschlagplatz,
    Stawki-Straße 6–10

S – Spital am Umschlagplatz

W – Werterfassungsstelle,
    Niska-Straße 4–20

B – Befehlsstelle,
    Żelazna-Straße 103

Cmentarz Żydowski – Jüdischer
    Friedhof

127

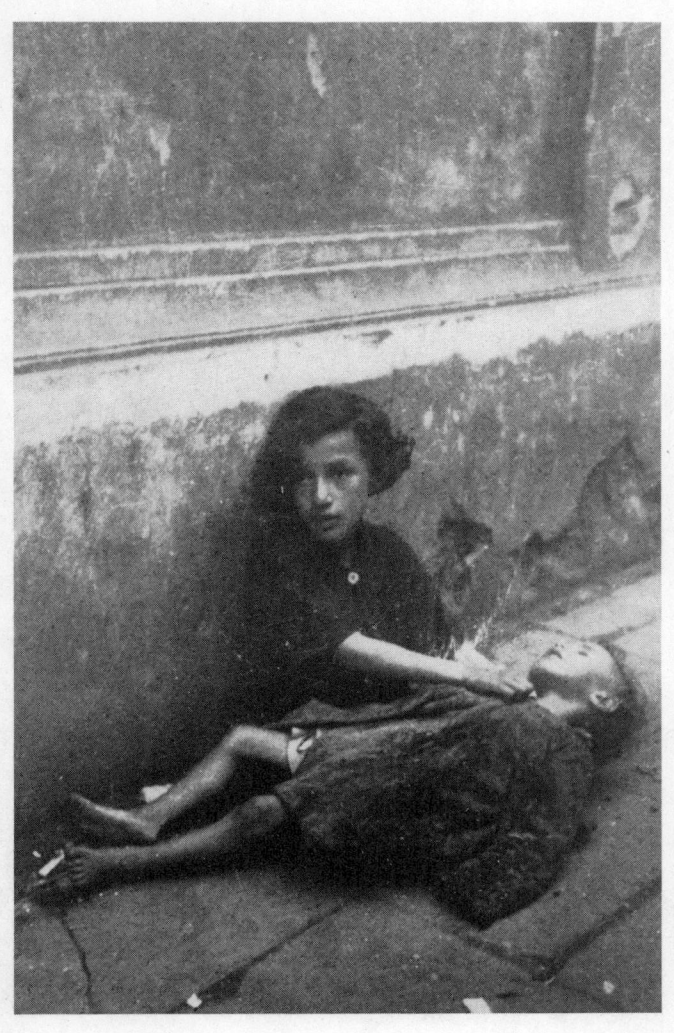

Inhalt

Anka Grupinska
IM KREIS
Gespräche mit jüdischen Kämpfern

Aus dem Polnischen
von Esther Kinsky
256 Seiten, geb., DM 38,00
ISBN-3-8015-0266-X

Im April 1993 jährte sich der Warschauer Ghettosaufstand zum 50. Mal. Die polnische Journalistin Anka Grupinska hat mit acht Überlebenden des Ghettoaufstandes gesprochen, von denen heute nur noch zwei in Polen leben. Zu Wort kommt u.a. Marek Edelman, der dem deutschsprachigen Publikum bereits durch Hanna Kralls literarische Reportage »Dem Herrgott zuvorkommen« bekannt ist.

Die Geschehnisse um den Aufstand im April 1943 werden aus den unterschiedlichen Blickwinkeln der direkt Beteiligten dargestellt. So entstehen aufschlußreiche Bilder von der »Innenperspektive« des Warschauer Ghettos, von der Bewältigung der Erniedrigung und der Unterdrückung sowie von der Entschlossenheit, sich zu behaupten und zumindest die Art des Sterbens zu bestimmen.

Die Interviews werden durch einen ausführlichen Anmerkungsapparat vervollständigt, der auf polnischem, englischem und hebräischem Quellenmaterial basiert. Das Buch schließt mit den Biographien fast aller im Text erwähnten Personen.

Verlag Neue Kritik · Kettenhofweg 53 · 60325 Frankfurt